KB205772

제대로 읽는 욥기

욥의 의와 하나님의 경륜

황대원

차 례

저는 어린 시절부터 교회에 다녔습니다. 하나님께서 계시다고 믿었지만, 교회에서 말하는 게 무엇인지 잘 몰랐습니다. 그러다가 성인이 되어서야 스스로 성경을 펼쳐보았습니다. 어떻게 읽어야 할지 몰라 무작정 처음부터 읽었습니다. 옛날이야기처럼 재미있는 부분도 있었고 족보나 제사법처럼 이해가 되지 않아 눈만 스쳐 지나가는 부분도 있었습니다. 그렇게 읽던 중 욥기 차례가 되었습니다.

욥이라는 인물은 이전에 설교로 몇 번 들어본 적이 있어서 낯설지 않았습니다. 욥기의 시작은 흥미진진했습니다. 하나님께서 계신 자리에 사탄이 등장하는 장면이 인상적이었습니다. 사탄이 욥을 공격하기 위해 하나님의 허락을 받는 점이 특이했습니다. 하나님과 사탄은 서로 대립하는 줄 알았는데 이상했습니다. 더욱이 '사탄의 부당한 요구를 하나님께서 허용하시다니?' 하는 생각이 들면서 잘 이해가 되지 않았습니다. 그렇게 궁금증을 가지고 읽어 나아갔습니다. 이어지는 전개에서 욥과 친구들의 대화가 너무 어렵게 느껴졌습니다. 그들이 왜 싸우는지 이해할 수 없었습니다. '욥과 친구들 모두 옳은 말을 하는 것 같은데 지기 싫어서 자존심 때문에 싸우는 건가?' 하는 생각이 들었습니다. 더군다나 마지막에는 하나님께서 등장하셔서 욥과 친구들의 논쟁과는 상관없이 들리는 말로 욥을 꾸중하셨습니다. 하나님 때문에 어려움을 겪고 있는데 혼내시다니 욥이 불쌍하게 느껴졌습니다. 이렇게 욥기는 어렵다는 기억을 남기고 지나쳐갔습니다.

시간이 흘러 성경 해석을 연구할 만한 열정이 생겼습니다. 욥기에 대한 의문을 떠올리며 몇몇 책을 읽었습니다. 그렇게 알게 된 가장 널리 알려진 욥기 해석은 다음과 같습니다.

• 의인의 고난 문제 : 욥은 의인이지만 의인에게도 시련이 올 수 있다. 그는 큰 시련을 신앙으로 잘 인내했다. 그로 인해 하나님께서 두 배로 보상 해주셨다. 한편 세 친구는 고난받는 욥을 사랑으로 위로하기는커녕 비난했다. 그래서 하나님께 책망받았다.

• 신정론 : 사탄의 부당한 요구를 허락하시는 하나님의 정의는 무엇인가? 하나님께서는 의인일지라도 시련을 주실 수 있는 주권자이시다.

• 그리스도의 예표 : 의로운 욥의 고난은 그리스도의 고난에 대한 예표이다.

이 같은 해석이 어느 정도 이해되었지만, 전적으로 공감할 순 없었습니다. 몇몇 석연치 않은 점들 때문입니다. 욥이 하나님을 원망하는 말이 너무 과하고 하나님의 주권이라고는 하지만 의인에게 억울한 고통을 주시는 상황을 받아들이기 힘들었습니다.

고민하던 중 욥기 곳곳에 등장하는 '의'라는 단어가 눈에 들어왔습니다. 욥기 전체에 나타난 '의'에 대해서 살펴보았고 재미있는 점을 발견했습니다. 욥기의 서론으로 알려진 1~2장에는 '의'라는 단어가 없다는 사실입니다. 욥기 전체에 '의'가 많이 언급되었는데 왜 욥에게 '의'라는 용어를 사용하지 않았을까? 문득 '의'가 무엇이지?'라는 궁금증이 생겼습니다. 혹시 욥기 저자가 말하지도 않았는데 우리가 섣부르게 욥을 의인이라고 생각했던 건 아닐까? 저는 욥을 의인이라고 단정하지 않고 욥기를 다시 읽어봤습니다. 그러자 욥기가 전혀 새로운 느낌으로 다가왔고 많은 의문을 풀 수 있었습니다.

욥기의 핵심 키워드는 무엇일까요? 많은 사람이 고난, 인내, 축복, 하나님의 주권 등을 이야기합니다. 물론 이들은 욥기에서 생각해야 할 중요한 내용들입니다. 그러나 저는 더 핵심 키워드가 있다고 생각합니다. 그것은 '의'와 하나님의 '경륜'입니다. 욥기는 인간이 하나님 앞에 서기 위한 '의'가 무엇인지 고민하게 합니다. 그러면서 사람들이 욥을 의인이라고 생각했던 '의'의 개념을 뒤로하고 하나님의 '의'에 대해 말합니다. 따라서 우리가 욥기에서 주의 깊게 살펴야 할 키워드는 '의'입니다. 또한 하나님께서는 욥에게 진정한 '의'를 깨우쳐주시기 위해 고난을 허락하시고 그를 만나셨습니다. 욥기는 이와 같은 인생을 향한 하나님의 계획과 일하심을 설명하고 있습니다. 따라서 욥기에서 놓치지 말아야 할 또 다른 키워드는 하나님의 '경륜'입니다.

성경 전체에서 욥은 한 개인에게 진정한 '의'를 깨우쳐주시는 하나님의 신비로운 사역을 보여주는 대표 인물입니다. 이와 같은 하나님의 일하심은 욥에게만 국한되지 않습니다. 우리는 욥기를 통해 각자 인생에서 일하시는 하나님의 위대한 '경륜'을 깨달을 수 있습니다. 이러한 내용을 나누려 합니다. 본서가 여러분을 욥기의 진의로 안내할 수 있기를 바랍니다.

의인에게는 어떤 재앙도
임하지 아니하려니와
악인에게는 앙화가 가득하리라
(잠 12:21)

제1장 욥기를 이해하는 출발점

1 욥은 의인인가?
2 두 가지 지혜

1. 욥은 의인인가?

제가 들었던 욥기 설교에서는 대부분 욥을 고난받기 이전부터 의인이었다고 여깁니다. 그래서 욥기를 의인에게 닥친 고난 이야기로 봅니다. 사람들은 왜 욥을 의인이라고 생각할까요? 욥을 의인으로 보는 이유를 몇 가지 확인해보겠습니다.

(1) 욥을 수식하는 말

먼저 살펴볼 내용은 욥에 대한 총평인 1장 1절입니다. 저자는 욥을 소개하며 글을 시작합니다. 등장 인물을 이해하는데 저자의 설명보다 중요한 정보는 없을 것입니다.

우스 땅에 욥이라 불리는 사람이 있었는데 그 사람은 온전하고 정직하여 하나님을 경외하며 악에서 떠난 자더라
(욥 1:1)

저자는 욥에게 '온전', '정직', '하나님을 경외', '악에서 떠남'이라는 네 수식어를 사용합니다. 이 용어들은 잠언이나 시편에서 의인을 수식할 때 쓰입니다. 첫 번째로 욥을 수식하는 '온전'하게 행하는 자를 잠언은 의인이라고 합니다: "온전하게 행하는 자가 의인이라 그의 후손에게 복이 있느니라"(잠 20:7). 그리고 온전한 자를 의인과 동의어처럼 사용하기도 합니다: "마음이 굽은 자는 여호와께 미움을 받아도 행위가 온전한 자는 그의 기뻐하심을 받느니라"(잠 11:20). 이처럼 '온전'은 의인과 밀접한 관계가 있습니다.

두 번째로 욥을 수식하는 '정직'은 거짓이 없다는 뜻입니다. 당연히 의인의 덕목이라고 할 수 있습니다. 그러나 '정직'으로 번역된 히브리어 원어를 살펴볼 필요가 있습니다. '정직'으로 번역된 히브리어는 '야샤르'(ישר)입니다. '야샤르'(ישר)는 하나님께서 원하시는 길을 똑바로 가는 것을 가리킵니다.[1] 그런 의미에서 '곧은' 또는 '올바른'이라는 뜻을 지닙니다. 이 단어 또한 의인의 지표입니다: "의로운 입술은 왕들이 기뻐하는 것이요 정직하게(ישר) 말하는 자는 그들의 사랑을 입느니라"(잠 16:13).

---

1) 송민원, 『지혜란 무엇인가: 잠언-욥기-전도서의 상호작용』, (감은사, 2021), 41.

세 번째로 욥을 수식하는 '하나님을 경외'라는 표현은 시편에서 확인할 수 있습니다. 다윗은 하나님을 경외하는 자를 의롭다고 했습니다: "여호와의 인자하심은 자기를 경외하는 자에게 영원부터 영원까지 이르며 그의 의는 자손의 자손에게 이르리니"(시 103:17).

그리고 네 번째, 잠언은 '악에서 떠남'을 지혜자의 덕목으로 소개합니다: "지혜로운 자는 두려워하여 악을 떠나나 어리석은 자는 방자하여 스스로 믿느니라"(잠 14:16). 지혜서에서 지혜자는 의인과 동의어입니다. 따라서 욥을 소개한 네 가지 표현은 그를 전통적인 지혜자인 의인으로 소개한 것입니다.

(2) 꼼꼼한 제사

욥기 저자는 서론에서 욥의 행실 중 하나를 소개합니다. 욥에 관한 수많은 이야기가 있을 텐데 특별히 소개했다면 어떤 의미가 있을 것입니다.

4 그의 아들들이 자기 생일에 각각 자기의 집에서 잔치를 베풀고 그의 누이 세 명도 청하여 함께 먹고 마시더라
5 그들이 차례대로 잔치를 끝내면 욥이 그들을 불러다가 성결하게 하되 아침에 일어나서 그들의 명수대로 번제를 드렸으니 이는 욥이 말하기를 혹시 내 아들들이 죄를 범하여 마음으로 하나님을 욕되게 하였을까 함이라 욥의 행위가 항상 이러하였더라

(욥 1:4~5)

　욥의 자녀들은 생일이 되면 잔치를 열어 함께 즐겼습니다. 욥은 다음날 자녀들을 위해 번제를 드렸습니다. 번제를 드린 이유는 혹시라도 그들이 취해서 마음속으로 지었을지도 모르는 죄를 씻기 위함이었습니다. 욥은 마음속 죄의 가능성까지 번제를 통해 철저히 해결하려 했습니다. 전통적인 지혜에서 번제는 하나님께 나아가기 위해 의롭게 되는 방법이었습니다: "노아가 여호와께 제단을 쌓고 모든 정결한 짐승과 모든 정결한 새 중에서 제물을 취하여 번제로 제단에 드렸더니"(창 8:20).

(3) 원망하지 않는 마음

　욥은 사탄의 모함으로 모든 재산과 자녀를 잃었습니다. 그런 엄청난 재앙을 겪고도 하나님을 원망하지 않았습니다.

20 욥이 일어나 겉옷을 찢고 머리털을 밀고 땅에 엎드려 예배하며
21 이르되 내가 모태에서 알몸으로 나왔사온즉 또한 알몸이 그리로 돌아가올지라 주신 이도 여호와시요 거두신 이도 여호와시오니 여호와의 이름이 찬송을 받으실지니이다 하고
22 이 모든 일에 욥이 범죄하지 아니하고 하나님을 향하여 원망하지 아니하니라
(욥 1:20~22)

부정적인 말을 쏟아내도 이상하지 않을 상황에서 욥은 오히려 하나님을 찬양했습니다. 신앙인으로서 이보다 더 훌륭한 모습을 누가 보여줄 수 있을까요? 이 정도라면 충분히 의인이라고 부를만합니다. 하나님께서는 이런 욥을 다음과 같이 평하셨습니다.

네가 나를 충동하여 까닭 없이 그를 치게 하였어도 그가 여전히 자기의 은전함을 굳게 지켰느니라
(욥 2:3b)

하나님께서 온전함을 지켰다고 말씀하셨기에 욥은 의인임이 확실해 보입니다.

2. 두 가지 지혜

(1) 규범적 지혜와 반성적 지혜

위에서 살펴보았듯이 욥은 지혜서의 의인의 기준에 부합하는 인물입니다. 그리고 번제와 하나님의 평가 모두 그를 의인이라고 가리킵니다. 그런데 저는 한 가지 질문이 생겼습니다. 왜 욥을 설명할 때 '의'라고 명확하게 표현하지 않았는가 하는 점입니다. 욥기 전체를 읽어 보면 주요 등장 인물마다 '의'를 언급합니다. 그들은 '의'에 관해 이야기하고 있습니다. 하지만 욥기 1~2장에는 '의'라는 단어가 등장하지 않습니다. 이 점을 별로 대수롭지 않게 생각하고 넘어갈 수도 있지만 저는 저자가 일부러 욥에게 '의'라는 단어를 사용하지 않았다고 생각합니다. 그 이유는 욥기가 전통적 개념과는 다른 '의'에 대해 말하려 하기 때문입니다. 욥기가 말하는 '의'를 이해하기 위해서 지혜에 대해 생각해볼 필요가 있습니다.

성경에서 우리가 지혜서로 부르는 책은 3권입니다. 바로 욥기, 잠언, 전도서입니다. 이 책들은 각각 지혜에 대해 말하고 있지만 서로 연관성이 있습니다. 잠언-욥기-전도서의 상호작용을 설명한 『지혜란 무엇인가』라는 책이 있습니다. 저자는 지혜서 간의 연관성을 이해하기 위해 지혜를 '규범적 지혜'와 '반성적 지혜'로 구분합니다. '규범적 지혜'는 하나님께서 세상에 정하신 불변하고 지속적인 원리를 파악한 지혜입니다. 한편 세상에는 규범적 지혜의 패턴을 벗어난 예외도 존재합니다. '반성적 지혜'는 그러한 예외적인 하나님의 일하심을 수용하는 지혜입니다.[2]

규범적 지혜 : 패턴이 있어 인간이 예측 가능한 지식체계
반성적 지혜 : 규범적 지혜에서 벗어난 예외적이고 초월적인 지혜

규범적 지혜는 인간이 경험이나 직관으로 정립한 지식체계입니다. 그렇기에 어떤 사회나 집단에서 누적되며 발전하고 계승되기도 합니다. 그런 경우 전통적인 지혜로 자리 잡습니다. 잠언은 전반적으로 선조의 지혜를 후대에 전하고 있습니다: "내 아들아 네 아비의 훈계를 들으며 네 어미의 법을

---

2) 송민원, 『지혜란 무엇인가: 잠언-욥기-전도서의 상호작용』, (감은사, 2021), 25~27.

16

떠나지 말라"(잠 1:8). 그런 의미에서 잠언은 규범적 지혜를 주로 다룬다고 볼 수 있습니다.

한편 전도서는 인생에 결국 헤아릴 수 없는 지혜의 영역이 있음을 인정합니다: "또 내가 하나님의 모든 행사를 살펴보니 해 아래에서 행해지는 일을 사람이 능히 알아낼 수 없도다 사람이 아무리 애써 알아보려고 할지라도 능히 알지 못하나니 비록 지혜자가 아노라 할지라도 능히 알아내지 못하리로다"(전 8:17). 이는 규범적 지혜를 넘어서는 지혜입니다. 전도서는 반성적 지혜를 다룬다고 볼 수 있습니다.

칼로 두부를 자르듯 잠언은 규범적 지혜, 전도서는 반성적 지혜라고 말하기는 힘듭니다. 그러나 잠언과 전도서를 두 지혜로 생각해볼 가치는 충분히 있습니다. 성경 전체의 유기적 연계성을 전제하고 이와 같은 지혜의 관점으로 보면 욥기는 잠언, 전도서와 상호 연관성이 있기 때문입니다. 욥기는 규범적 지혜가 반성적 지혜로 전환 또는 확장되는 과정을 보여줍니다.

욥과 세 친구의 주장에는 별다른 문제점이 없어 보입니다. 그들은 전통적인 지혜자로서 규범적인 지혜를 말하기 때

문입니다. 그들의 주장 가운데는 잠언과 같은 맥락인 내용도 적지 않습니다.

의인에게는 어떤 재앙도 임하지 아니하려니와 악인에게는 앙화가 가득하리라
(잠 12:21)

잠언의 지혜대로라면 욥에게 닥친 재앙으로 그가 악인이라고 결론 내릴 수밖에 없습니다. 그래서 빌닷은 위 구절처럼 말했습니다: "하나님은 순전한 사람을 버리지 아니하시고 악한 자를 붙들어 주지 아니하시므로"(욥 8:20). 또한 잠언은 여호와의 징계를 겸허히 받아들이라고 말합니다: "내 아들아 여호와의 징계를 경히 여기지 말라 그 꾸지람을 싫어하지 말라"(잠 3:11). 엘리바스는 이와 같은 지혜를 욥에게 가르쳐줍니다: "볼지어다 하나님께 징계받는 자에게는 복이 있나니 그런즉 너는 전능자의 징계를 업신여기지 말지니라"(욥 5:17).

이처럼 우리는 욥과 세 친구의 주장에 문제가 있다고 섣부르게 말하기 힘듭니다. 그렇다면 욥과 세 친구를 어떻게 보아야 할까요? 그들은 규범적인 지혜에 머물러 있었기 때문에 욥의 고난을 이해할 수 없었다고 보는 것이 적절합니다.

전도서의 지혜자는 인생이 덧없다고 탄식합니다: "전도자

가 이르되 헛되고 헛되며 헛되고 헛되니 모든 것이 헛되도
다”(전 1:2). 이는 허무주의를 선언하는 게 아닙니다. 그는
하나님의 무한성이 반영된 세상의 패턴에 비해 인간의 유한
성을 강조한 것입니다: “한 세대는 가고 한 세대는 오되 땅은
영원히 있도다”(전 1:4). 전도서의 핵심 주제는 ‘하나님께서
는 사람들이 하나님을 경외하도록 세상을 다스리신다’는 지
혜입니다.

하나님께서 행하시는 모든 것은 영원히 있을 것이라 그 위에 더 할 수도
없고 그것에서 덜 할 수도 없나니 하나님이 이같이 행하심은 사람들이
그의 앞에서 경외하게 하려 하심인 줄을 내가 알았도다
(전 3:14)

　그런데 욥기 후반부에 등장한 엘리후는 다음과 같이 말합
니다.

23 전능자를 우리가 찾을 수 없나니 그는 권능이 지극히 크사 정의나
무한한 공의를 굽히지 아니하심이니라
24 그러므로 사람들은 그를 경외하고 그는 스스로 지혜롭다 하는 모든
자를 무시하시느니라
(욥 37:23~24)

　이처럼 엘리후는 전도서의 지혜자와 비슷한 입장입니다.
저는 욥기에서 엘리후가 반성적 지혜자로 등장했다고 생각

합니다. 그러나 엘리후를 반성적 지혜자로 볼 수 있는지는 논란의 소지가 있습니다. 그에 대해서는 〈제3장 반성적 지혜로의 초대〉 엘리후 부분에서 다루도록 하겠습니다.

여기에서 한 가지 오해가 있을 수 있습니다. 반성적 지혜는 궁극적인 지혜이고 규범적 지혜는 상대적으로 열등하다는 것입니다. 두 지혜는 우열의 관계가 아닙니다. 규범적 지혜는 반성적 지혜로 나아가는 과정이라고 보는 것이 적절합니다. 우리가 주목해야 할 욥은 규범적 지혜자에서 고난을 거치며 하나님을 만난 후 반성적 지혜자가 된 인물입니다. 이것이 욥기를 통해 알아야 할 핵심입니다.

규범적 지혜자	반성적 지혜자
엘리바스, 빌닷, 소발	엘리후
하나님을 만나기 전의 욥 →	하나님을 만난 후의 욥

욥기 1~2장은 규범적 지혜의 관점에서 욥을 의인으로 소개했습니다. 그러나 욥에게 닥친 재앙으로 인해 규범적 지혜로는 이해할 수 없는 현상이 발생했습니다. 왜냐하면 전통적인 지혜에 따르면 의인은 복을 누리고 죄인에게 재앙이 임하기 때문입니다. 규범적 지혜의 관점에서 욥의 '의'가 부정된 것입니다. 그렇다면 욥은 어떻게 의인으로 평가받을 수 있을까요? 이 물음이 바른 욥기 해석을 위한 출발점입니다.

(2) 율법 아래에 있는 사람

위에서 잠언과 전도서를 규범적 지혜와 반성적 지혜의 관점으로 생각해보았습니다. 이는 지혜서의 상호관계에서 욥기의 특징을 이해하기 위한 구분입니다. 이제 하나님을 만나기 전후 욥의 차이를 이해하기 위해서 두 지혜가 한 개인에게 받아들여지는 측면을 생각해보겠습니다.

바울은 여러 본문에서 '율법 아래에 있는 사람'에 대해 이야기합니다. 고린도전서를 보면, 바울은 복음 전파를 위해 자신이 사도로서 권리를 주장하지 않았다며 다음과 같이 말했습니다.

유대인들에게 내가 유대인과 같이 된 것은 유대인들을 얻고자 함이요 율법 아래에 있는 자들에게는 내가 율법 아래에 있지 아니하나 율법 아래에 있는 자같이 된 것은 율법 아래에 있는 자들을 얻고자 함이요
(고전 9:20)

여기에서 율법은 이스라엘 민족이 모세를 통해 하나님께 받은 계명입니다. 위 구절은 바울이 복음을 전하기 위해 그들의 율법적인 관습을 존중하며 접근했다는 의미입니다. 따라서 "율법 아래에 있는 자들"은 이스라엘 민족을 가리킵니다.

한편 바울은 로마서에서 모세의 율법뿐만 아니라 인간의

도덕률도 율법의 역할을 한다고 율법의 개념을 확장하였습니다: "율법 없는 이방인이 본성으로 율법의 일을 행할 때에는 이 사람은 율법이 없어도 자기가 자기에게 율법이 되나니"(롬 2:14). 그 이유는 모세의 율법을 받은 유대인과 각자 도덕률을 가진 이방인 모두 죄의 지배를 받고 있음을 설명하기 위해서입니다: "유대인이나 헬라인이나 다 죄 아래에 있다고 우리가 이미 선언하였느니라"(롬 3:9b). 그리고 이어서 "율법 아래에 있는 자들"을 언급했습니다.

우리가 알거니와 무릇 율법이 말하는 바는 율법 아래에 있는 자들에게 말하는 것이니 이는 모든 입을 막고 온 세상으로 하나님의 심판 아래에 있게 하려 함이라
(롬 3:19)

여기에서 "율법 아래에 있는 자들"은 이스라엘 민족에 국한되지 않습니다. 바로 이어서 "온 세상으로"라며 율법 아래에 있는 자들이 전 인류라고 밝혔습니다. 인류는 다양한 문화와 사회의 정의에 따라 나름의 도덕률을 구축했습니다. 바울은 모세의 율법뿐만 아니라 여러 사회법과 개인의 양심에 따른 도덕법을 아울러 율법 아래에 있다고 표현한 것입니다. 따라서 바울이 로마서에서 언급한 율법 아래에 있다는 개념은 넓은 의미에서 규범적 지혜에 속한 것입니다.

우리는 고린도전서와 로마서를 통해 "율법 아래에 있는

자"를 다음과 같이 정리할 수 있습니다. 율법 아래에 있는 자는 일차적으로 율법으로 '의'를 추구하는 이스라엘 민족입니다. 그리고 더 나아가서 율법의 역할을 하는 도덕률로 '의'를 추구하는 인류입니다. 즉 율법 아래에 있는 자는 규범적 지혜를 통해 '의'를 추구하는 사람을 가리킵니다.

한편 갈라디아서는 율법 아래 있는 또 다른 측면을 가르쳐줍니다. 바울은 율법 아래에 있는 때와 계시를 통해 밝혀지는 믿음의 때를 구분했습니다. 따라서 율법 아래에 있다는 개념은 시간적인 의미를 고려해야 합니다.

믿음이 오기 전에 우리는 율법 아래에 매인 바 되고 계시될 믿음의 때까지 갇혔느니라
(갈 3:23)

일반적으로 인간은 규범적 지혜로 죄의 유무를 판단합니다. 그리고 그 기준을 만족한 경우 의롭다고 여깁니다. 그러나 바울은 계시를 통해 믿음으로 얻는 '의'가 있다고 합니다. 이를 "믿음이 오기 전"과 "계시될 믿음의 때"라는 시간개념으로 구분하였습니다.

이에 대해 "믿음이 오기 전"과 "계시될 믿음의 때"를 그리스도를 기준으로 한 역사적 시기로 이해하기도 합니다. "믿음이 오기 전"은 기원전(B.C.)으로 "계시될 믿음의 때"는 기원후(A.D.)라고 생각하는 식입니다. 이 같은 역사적 시기 구분은 큰 틀에서 옳습니다. 그러나 "믿음이 오기 전"과 "계시될 믿음의 때"는 역사적 시기에 국한되지 않습니다. 그리스도께서 성도 각자에게 일하시는 상대적 시기로도 볼 수 있습니다. 하나님의 자녀인 한 사람의 인생에 "믿음이 오기 전"과 "계시될 믿음의 때"가 존재합니다. 바울은 이어지는 본문에서 다음과 같이 말했습니다.

내게 말하라 율법 아래에 있고자하는 자들아 율법을 듣지 못하였느냐 (갈 4:21)

갈라디아서가 기록될 당시 바울과 갈라디아교회 사람들은 그리스도께서 부활 승천하신 이후에 살고 있었습니다. 그런데 위 구절에서 바울은 "율법 아래에 있고자하는 자들"에게 말하고 있습니다. "계시될 믿음의 때"가 그리스도 이후라는 역사적 시기를 가리킨다면 그들은 율법 아래에 있을 수 없습니다. 그러나 바울은 율법 아래 있는 자들을 언급하였습니다. 따라서 "믿음이 오기 전"과 "계시될 믿음의 때"는 개인에게 적용되는 상대적 시간개념입니다. 그렇다면 한 개인에게 적용되는 "계시될 믿음의 때"는 언제이고 무슨 의미일까요?

'계시'는 인간의 지혜로는 알 수 없는 진리를 하나님께서 깨우쳐주시는 것입니다. 그리고 '믿음'은 인격과 인격 간의 관계성에 근간이 됩니다. 따라서 "계시될 믿음의 때"는 하나님께서 초월적으로 인간을 깨우쳐주시는 관계적 시기를 의미합니다. 이는 하나님 편에서 깨우쳐주신 지혜의 확장이므로 반성적 지혜라 할 수 있습니다.

　율법 아래에 있다가 계시될 믿음의 때를 경험한 예로 이 개념을 설명한 당사자인 바울의 경우를 생각해보면 됩니다. 믿음이 오기 전 바울은 그리스도를 따르는 자들을 배척했습니다. 당시 그는 율법준수로 '의'를 추구하는 율법 아래 매인 자였습니다. 그러나 다메섹으로 가는 길에서 그리스도를 만났습니다. 계시될 믿음의 때에 이른 것입니다: "사울이 길을 가다가 다메섹에 가까이 이르더니 홀연히 하늘로부터 빛이 그를 둘러 비추는지라"(행 9:3). 이후 바울은 율법 아래에 묶여 있던 기존의 규범적 지혜를 넘어서는 진리를 깨달을 수 있었습니다. 반성적 지혜를 얻은 것입니다.

　이와 같은 변화가 하나님을 만나기 전후의 욥과 흡사합니다. 욥과 세 친구의 논쟁을 보면 그들은 인간이 도덕률을 만족시켜 '의'를 이룬다고 생각했습니다. 그러나 그들의 지혜로는 갈등을 해결할 수 없었습니다. 왜냐하면 욥과 세 친구는 규범적 지혜에 머물러 있었기 때문입니다. 그들은 다메섹 사건 이전의 바울처럼 율법 아래에 있는 사람들입니다. 여기까지 제대로 욥기를 읽기 위한 서론을 마치고 다음 장부터 본문을 확인해보겠습니다.

그가 나를 단련하신 후에는 내가 순금같이 되어
나오리라

그러나 내가 가는 길을 그가 아시나니 그가 나를 단련하신 후에는 내가
순금같이 되어 나오리라
(욥 23:10)

이 구절은 널리 알려진 유명한 구절입니다. 이 구절에 대
한 보편적인 해석은 다음과 같습니다. '욥은 자신에게 닥친
재앙을 하나님의 훈련으로 받아들이고 있다. 그래서 모든
고난의 과정을 거친 후 자신이 이전보다 온전한 신앙인이
되리라 생각했다.' 이 해석이 옳다면 욥기 23:10은 아름다
운 신앙고백입니다.

그러나 23장 전체 문맥을 보면 위와 같은 의미로 생각하기
힘듭니다. 욥은 자신에게 닥친 현실로 인해 "내게 반항하는
마음과 근심이 있나니"(욥 23:2a)라고 말했습니다. 그리고
자신이 결백하기에 하나님과 변론하면 이길 수 있다고 합니
다. 그러나 하나님을 만날 수가 없다고 한탄합니다. 그리고
지금 우리가 살펴보는 10절을 고백했습니다. 익숙한 요절
로 읽지 말고 앞의 문맥에 이어 10절을 살펴보겠습니다.

6 그가 큰 권능을 가지시고 나와 더불어 다투시겠느냐 아니로다 도리어
내 말을 들으시리라
7 거기서는 정직한 자가 그와 변론할 수 있은즉 내가 심판자에게서 영

원히 벗어나리라

8 그런데 내가 앞으로 가도 그가 아니 계시고 뒤로 가도 보이지 아니하며

9 그가 왼쪽에서 일하시나 내가 만날 수 없고 그가 오른쪽으로 돌이키시나 뵈올 수 없구나

10 그러나 내가 가는 길을 그가 아시나니 그가 나를 단련(ㄱㄷ)하신 후에는 내가 순금 같이 되어 나오리라

(욥 23:6~10)

　　욥은 재앙은 하나님의 심판이라고 생각했습니다. 그러나 자신은 아무 잘못도 없기에 억울했습니다. 하나님께서 자신을 부당하게 대하신다고 생각했습니다. 그래서 하나님과 시시비비를 가려보고 싶었습니다. 6절은 하나님께서 큰 권능을 가지신 분이더라도 자신이 옳기에 아무 말씀도 하시지 못할 것이라는 의미입니다. 7절의 "정직한 자"는 욥이고 변론의 상대자인 "심판자"는 하나님을 가리킵니다. 욥은 자신의 무죄를 확신하고 있습니다. 하나님과 변론할 수만 있다면 자신의 결백이 밝혀질 것입니다. 그러나 하나님께서 자신을 만나주지 않으시니 답답합니다. 그 내용이 8~9절입니다.

　　욥은 자신에게 닥친 재앙이 억울해서 하나님과 옳고 그름을 따지길 원하고 있습니다. 그런데 느닷없이 "나의 고난은 하나님께서 나를 연단하시는 과정이다. 이 과정을 거치고 나면 나는 순전한 금처럼 완성될 것이다"라고 말한다면 이상합니다. 이야기의 흐름이 부자연스럽지 않습니까? 그리

고 뒤에 이어지는 내용도 10절과 호응하지 않습니다.

11 내 발이 그의 걸음을 바로 따랐으며 내가 그의 길을 지켜 치우치지 아니하였고
12 내가 그의 입술의 명령을 어기지 아니하고 정한 음식보다 그의 입의 말씀을 귀히 여겼도다
(욥 23:11~12)

10절에서 자신이 현재 연단 받고 있으므로 그 과정을 마친 후를 기대한다던 사람이, 바로 이어지는 11~12절에서 자신의 결백을 주장하다니 역시 어색합니다. 23장 전체에서 10절이 빠지면 오히려 욥의 말에 일관성이 생깁니다. 과연 욥은 무슨 말을 하는 걸까요?

개역개정 욥기 23:10이 오해의 소지가 있게 의역되었습니다. 히브리어 '*바한*'(בחן)을 '단련'으로 번역했습니다. 구약성경 다른 본문에서 '*바한*'(בחן)은 대개 '시험'[3] 또는 '감찰'[4] 로 번역되었습니다. 이러한 용례를 통해 '*바한*'(בחן)이 진실성 여부를 파악하는 개념임을 알 수 있습니다. 그러나 여기에서는 '*바한*'(בחן)을 연단의 의미인 '단련'으로 번역하였습니다. 이어지는 "순금같이 되어 나오리라"도 '단련'에 맞추어 자연스럽도록 의역한 것입니다. 그런데 이 의역이 오해를 낳고 있습니다.

본문은 '*바한*'(בחן)을 테스트의 의미로 사용하였습니다.

그러므로 무죄를 주장하는 문맥에 따라 10절을 본다면 욥은 다음과 같은 의미로 말하였습니다.

하나님께서는 내가 행한 길을 알고 계신다. 나를 옳은지 그른지 테스트해보면 옳다는 판정을 받을 것이다.

(욥 23:10, 사역)

욥은 "하나님께서 자기를 감찰해보신다면 자기가 순금처럼 깨끗하다고 판결하실 것"이라고 자기의 결백에 대한 자신감을 표현합니다. 따라서 욥기 23:10은 욥의 훌륭한 신앙고백이 아닙니다. 오히려 반대로 하나님께 자신이 옳다고 따지는 내용입니다.

〈새번역〉: 하나님은 내가 발 한 번 옮기는 것을 다 알고 계실 터이니, 나를 시험해 보시면 내게 흠이 없다는 것을 아실 수 있으련만!

〈공동번역〉: 그런데도 그는 나의 걸음을 낱낱이 아시다니. 털고 또 털어도 나는 순금처럼 깨끗하리라.

---

3) "내가 너희의 말을 시험하여(ןחב) 너희 중에 진실이 있는지 보리라"(창 42:16b).
4) "악인의 악을 끊고 의인을 세우소서 의로우신 하나님이 사람의 마음과 양심을 감찰하시나이다(ןחב)"(시 7:9).

" 깊이 있는 묵상을 위한 질문 "

1. 욥기 1~2장에 관하여

(1) 욥이 하나님을 섬기는 이유가 있다는 사탄의 고발은 무슨 의미인가요? (욥 1:9)

(2) 하나님께서는 왜 사탄의 도발을 받아들이셨을까요? (욥 1:12)

(3) 욥의 고난이 두 번에 걸쳐 주어진 이유가 있을까요?

(4) 사탄은 왜 욥의 아내를 공격하지 않았을까요?

2. 신학적 고찰

(1) '규범적 지혜'와 '반성적 지혜'란 무엇인가요?

(2) 지혜를 이렇게 나누어 볼 의미가 있을까요?

(3) "율법 아래에 있는 자"(롬 3:19)는 누구인가요?

(4) "계시될 믿음의 때"(갈 3:23)는 언제인가요?

하나님께 불러 아뢰어 들으심을 입은 내가
이웃에게 웃음거리가 되었으니
의롭고 온전한 자가 조롱거리가 되었구나
(욥 12:4)

제2장 규범적 지혜자들

1. 보응 신학

(1) 죽고 싶은 마음

욥이 곤경에 처했다는 소식을 듣고 친구인 엘리바스, 빌닷, 소발이 찾아왔습니다. 그들은 욥의 상황이 너무 처참해서 차마 아무 말도 못 하고 있었습니다. 긴 침묵을 깨고 욥이 먼저 입을 열었습니다. 욥은 자기 생을 부정하기 시작합니다. 3장 전체가 그 내용인데 그중 한 구절만 확인해보겠습니다.

어찌하여 내가 태에서 죽어 나오지 아니하였던가 어찌하여 내 어머니가 해산할 때에 내가 숨지지 아니하였던가
(욥 3:11)

욥은 자기가 태어나기 전에 사산되었더라면 차라리 좋았겠다고 합니다. 그 이유는 자신에게 닥친 재앙이 고통스러웠기 때문입니다. 욥은 처음에는 하나님을 원망하지 않았지만, 불만을 드러내기 시작합니다.

하나님에게 둘러싸여 길이 아득한 사람에게 어찌하여 빛을 주셨는고 (욥 3:23)

"하나님에게 둘러싸여 길이 아득한"은 자기가 겪는 재앙이 하나님으로부터 주어졌다는 의미입니다. "빛을 주셨는고"는 하나님께서 생명을 주셨음을 의미합니다. 이 구절은 하나님께서 자신에게 생명을 주셨지만, 인생을 힘들게 만드셨다는 말입니다. 모든 재산을 잃은 상황도 어마어마한데 자녀를 하루아침에 모두 잃었으니 이러한 반응은 당연합니다. 게다가 끔찍한 질병으로 고통받는 욥을 다른 이가 얼마나 공감할 수 있을까요? 그가 어떠한 불평과 분노를 표출해도 전혀 이상하지 않습니다.

(2) 인과응보

인과응보는 불교에서 기원한 용어로, 불교의 세계관에서 윤회의 작동원리를 인과응보라고 부릅니다. 인간이 과거나 전생에 했던 선악에 따라 뒷날 대가를 받는다는 신념입니다.

이 같은 인과응보의 개념이 불교에만 존재하는 것은 아닙니다. 악하면 망하고 선하면 흥한다는 권선징악의 논리는 역사상 다양한 문화권에 있는 개념입니다. 인과응보는 인류의 보편적인 사상이며, 성경에도 인과응보의 개념이 존재합니다: "의인에게는 어떤 재앙도 임하지 아니하려니와 악인에게는 앙화가 가득하리라"(잠 12:21).

다만 차이점이 있다면 불교의 인과응보는 자연법칙에 해당합니다. 선악의 기준이나 상벌의 집행자가 분명하지 않습니다. 반면 기독교에서 인과응보의 기준은 하나님의 공의입니다. 그리고 집행자는 하나님이십니다. 따라서 일반적인 인과응보 사상은 성경에서 말하는 인과응보 신학과 엄밀하게 다릅니다. 그렇기에 기독교에서는 이를 구별하기 위해 '보응'이라는 용어를 사용하기도 합니다. 보응은 선악에 따라 대갚음을 받는다는 인과응보와 비슷한 의미입니다. 그래서 본서는 하나님의 통치인 인과응보 개념을 '보응'이라는 용어로 사용하겠습니다.

(3) 세 친구의 보응 신학

세 친구도 신앙인들입니다. 그래서 억울해서 죽고 싶어 하는 욥이 못마땅했습니다. 그들은 하나님께서는 보응의 원리로 세상을 다스리신다고 생각했습니다. 본문을 통해 그들의 보응 신학이 무엇인지 확인해보겠습니다. 먼저 엘리바스입니다. 엘리바스는 하나님께서 악한 사람만 심판하신다고 생각했습니다. 그가 보기에 욥의 비참한 상황은 하나님의 심판이 분명해 보였습니다. 그래서 욥이 어떤 범죄를 저질렀다고 확신했습니다. 그래서 욥에게 적용되었던 '온전', '정직', '하나님을 경외', '악에서 떠남'을 모두 부정합니다.

6 네 경외함이 네 자랑이 아니냐 네 소망이 네 온전한 길이 아니냐
7 생각하여 보라 죄 없이 망한 자가 누구인가 정직한 자의 끊어짐이 어디 있는가
8 내가 보건대 악을 밭 갈고 독을 뿌리는 자는 그대로 거두나니
9 다 하나님의 입 기운에 멸망하고 그의 콧김에 사라지느니라
(욥 4:6~9)

엘리바스는 인간이 겪는 고난을 하나님의 징계라고 생각했습니다. 그래서 욥에게 본인의 현실을 진지하게 돌아보라고 권합니다. 만약 욥이 죄에서 돌이킨다면 하나님께서 다시 회복시켜주실 것이라고 알려줍니다.

17 볼지어다 하나님께 징계 받는 자에게는 복이 있나니 그런즉 너는 전능자의 징계를 업신여기지 말지니라
18 하나님은 아프게 하시다가 싸매시며 상하게 하시다가 그의 손으로 고치시나니
(욥 5:17~18)

두 번째 친구인 빌닷도 엘리바스와 마찬가지로 하나님께서 보응의 원리로 세상을 다스리신다고 믿었습니다. 그래서 욥의 자녀들도 죽을만한 죄를 지었기 때문에 벌을 받았다고 말했습니다: "네 자녀들이 주께 죄를 지었으므로 주께서 그들을 그 죄에 버려두셨나니"(욥 8:4). 그리고 욥도 뭔가 잘못했기에 징계받고 있다고 생각했습니다. 그래서 죄에서 돌이키라고 그렇게 하면 의롭게 될 것이라고 충고합니다.

또 청결하고 정직하면 반드시 너를 돌보시고 네 의로운 처소를 평안하게 하실 것이라
(욥 8:6)

여기에서 "청결"은 단순한 위생의 개념이 아닙니다. 부정함이 없는 상태를 의미합니다. 빌닷은 인간이 "청결하고 정직하면" 즉 도덕률을 충족하면 의롭게 된다고 생각했습니다. 그는 자기 입장이 혼자만의 주장이 아니라고 출처를 밝히기도 합니다: "청하건대 너는 옛 시대 사람에게 물으며 조상들이 터득한 일을 배울지어다"(욥 8:8). 그는 선조들로부터 규범적 지혜를 전해 받았습니다. 이처럼 엘리바스와 빌닷과 소발은 당대의 지혜자들이었습니다.

세 번째 친구인 소발도 두 친구와 같은 입장으로 다음과 같이 생각했습니다. '하나님께서는 이 세상을 보응의 원리에 따라 다스리신다. 욥이 겪는 고난은 하나님의 심판이다. 그렇다면 욥은 우리가 모르는 죄를 지었음이 확실하다. 그런데도 뻔뻔하게 자신에게 아무 잘못도 없다고 발뺌하다니 어이가 없다.' 소발은 욥이 너무도 강하게 결백을 주장하니 그가 범죄사실을 잊어버렸다고 생각했습니다: "하나님께서 너로 하여금 너의 죄를 잊게 하여 주셨음을 알라"(욥 11:6b). 그러나 욥이 범죄사실을 잊었더라도 하나님께서 모두 알고 계시기에 그 대가를 반드시 치르신다고 생각했습니다. 그래서 다음과 같이 충고합니다.

11 하나님은 허망한 사람을 아시나니 악한 일은 상관하지 않으시는 듯하나 다 보시느니라
12 허망한 사람은 지각이 없나니 그의 출생함이 들나귀 새끼 같으니라
(욥 11:11~12)

여기에서 '지각이 없는 허망한 사람'은 자기 죄를 인지하지 못하는 욥을 가리킵니다. 욥에게 현실을 직시하여 죄에서 돌이키라고 충고합니다: "네 손에 죄악이 있거든 멀리 버리라 불의가 네 장막에 있지 못하게 하라 그리하면 네가 반드시 흠 없는 얼굴을 들게 되고 굳게 서서 두려움이 없으리니"(욥 11:14~15).

세 친구는 규범적 지혜자들로 다음과 같은 보응 신학을 가지고 있었습니다. '하나님께서는 인간이 선을 행하면 복을 주시고 악을 행하면 벌을 주신다. 지금 욥이 겪는 고난은 하나님의 징계이다. 따라서 욥은 무언가 죄를 지었다.'

(4) 욥의 보응 신학

세 친구만 보응 신학을 가지고 있었던 것은 아니었습니다. 욥도 보응 신학을 가지고 있었습니다. 그도 친구들처럼 인간에게 닥친 재앙은 하나님의 심판이라고 생각했습니다. 그러나 자기가 이 정도로 가혹한 재앙을 당할 만큼 죄를 지은 적이 없는데 왜 이렇게 되었는지 이해할 수 없었습니다. 욥은 안 그래도 억울한데 친구들이 자기에게 무슨 잘못이나 있는 듯 회개하라고 하니 화가 났습니다. 그래서 하나님께서 자기 기도를 듣지 않으실 뿐 아니라 자기를 공격하며 기뻐하시는 분이라고 맞받아칩니다.

8 나의 간구를 누가 들어 줄 것이며 나의 소원을 하나님이 허락하시랴
9 이는 곧 나를 멸하시기를 기뻐하사 하나님이 그의 손을 들어 나를 끊어 버리실 것이라
(욥 6:8~9)

욥기 3장에서 자기 생일을 저주하며 우회적으로 하나님을 원망하던 욥의 진심이 드러나기 시작합니다. 어떤 분들은 하나님께 부정적인 욥의 말을 너무 힘든 나머지 충동적으로 내뱉은 탄식이라고 합니다. 그러나 하나님께서 자신을 핍박하신다는 욥의 말을 단순한 탄식으로 보기 힘듭니다. 왜냐하면 원망이 계속 이어지기 때문입니다. 따라서 탄식이라기보다 일관된 주장으로 보아야 합니다. 욥의 주장이 분명히 드러나는 구절 몇 개만 확인해보겠습니다.

욥은 자신이 그물에 걸린 사냥감처럼 꼼짝없이 폭력에 희생당하고 있다고 주장합니다: "하나님이 나를 억울하게 하시고 자기 그물로 나를 에워싸신 줄을 알아야 할지니라"(욥 19:6). 그리고 친구들에게 자신이 누명을 쓰고 하나님께 고통받고 있다고 고발하기도 합니다: "나의 친구야 너희는 나를 불쌍히 여겨다오 나를 불쌍히 여겨다오 하나님의 손이 나를 치셨구나 너희가 어찌하여 하나님처럼 나를 박해하느냐 내 살로도 부족하냐"(욥 19:21~22). 욥의 최후 변론에는 그의 보응 신학을 알 수 있는 구절이 있습니다.

1 내가 내 눈과 약속하였나니 어찌 처녀에게 주목하랴
2 그리하면 위에 계신 하나님께서 내리시는 분깃이 무엇이겠으며 높은 곳의 전능자께서 주시는 기업이 무엇이겠느냐
3 불의한 자에게는 환난이 아니겠느냐 행악자에게는 불행이 아니겠느냐
4 그가 내 길을 살피지 아니하시느냐 내 걸음을 다 세지 아니하시느냐
(욥 31:1~4)

욥은 다른 여성을 음란하게 보지 않았습니다. 그 이유는 하나님께 보상받기 위해서입니다. 반대로 불의하면 환난을

받는 게 마땅하다고 생각했습니다. 4절은 하나님께서 상벌을 적용하기 위해 인생을 살펴보신다는 의미입니다. 이처럼 욥도 친구들과 마찬가지로 보응 신학을 가지고 있었습니다.

📖본문설명 나의 말이 경솔하였구나

욥은 3장에서 자기 인생을 부정하며 하나님을 원망했습니다. 그 말을 듣고 엘리바스가 욥에게 회개하라고 했습니다. 그러자 욥은 6~7장에서 자기 입장을 밝힙니다. 그 시작은 다음과 같습니다.

2 나의 괴로움을 달아 보며 나의 파멸을 저울 위에 모두 놓을 수 있다면 3 바다의 모래보다도 무거울 것이라 그러므로 나의 말이 경솔하였구나 (דברי לעו)

(욥 6:2~3)

욥은 지금 받는 고통이 크다며 "나의 말이 경솔하였구나" 라고 말했습니다. 이는 하나님을 원망한 태도를 반성하는 것으로 보입니다. 그러나 6~7장 전체는 회개하라는 엘리바스에게 맞받아치는 내용입니다. 여전히 억울하다는 입장입니다: "내게 가르쳐서 나의 허물된 것을 깨닫게 하라 내가 잠잠하리라"(욥 6:24).

그렇다면 왜 자기 말이 경솔하다고 했을까요? 욥의 진심이 무엇인지 모르겠습니다. 이 문제는 "나의 말이 경솔하였구나"라는 번역의 오해로 발생했습니다. 이 부분을 직역하면 다음과 같습니다.

나의 말들을 그들이 삼켰다.

(욥 6:3b, 사역)

'나의 말들'은 무죄를 주장하는 욥의 말들을 가리킵니다. '그들'은 욥에게 닥친 재앙들입니다. '삼켰다'는 재앙들이 자신의 무죄 주장을 덮어버렸다는 비유적 표현입니다. 욥은 자신이 결백을 주장하고 있지만 현실의 재앙이 유죄를 증거한다고 생각했습니다. 이렇게 볼 때 욥기 6:3은 하나님을 원망한 걸 후회하는 말이 아닙니다. 오히려 욥이 답답한 심정을 표출한 말입니다. 이 부분에서도 욥이 세 친구와 같은 보응 신학을 가지고 있었음을 알 수 있습니다.

2. 욥의 주장

(1) 불의하신 하나님

욥의 주장은 크게 두 가지로 나누어볼 수 있습니다. 하나는 '나를 핍박하는 하나님은 불의하시다'이고, 다른 하나는 '나는 의롭다'입니다. 먼저 하나님께 문제가 있다는 주장을 살펴보겠습니다. 친구들은 욥에게 닥친 재앙이 범죄의 증거라며 혐의를 거두지 않았습니다. 욥은 친구들이 납득할만한 이유를 제시해야 했습니다. 그러나 아무리 생각해도 자신이 이런 대우를 받는 이유를 찾을 수 없었습니다. 욥은 오랜 고민 끝에 결론을 내렸습니다. 하나님은 보응을 제대로 적용하지 않는 불의한 분이시구나!

15 가령 내가 의로울지라도 대답하지 못하겠고 나를 심판하실 그에게 간구할 뿐이며

16 가령 내가 그를 부르므로 그가 내게 대답하셨을지라도 내 음성을 들으셨다고는 내가 믿지 아니하리라

17 그가 폭풍으로 나를 치시고 까닭 없이 내 상처를 깊게 하시며

18 나를 숨 쉬지 못하게 하시며 괴로움을 내게 채우시는구나

19 힘으로 말하면 그가 강하시고 심판으로 말하면 누가 그를 소환하겠느냐

20 가령 내가 의로울지라도 내 입이 나를 정죄하리니 가령 내가 온전할지라도 나를 정죄하시리라

(욥 9:15~20)

욥은 자신이 의로울지라도 하나님께 항의할 수 없다고 합니다. 그 이유는 하나님을 심판할 수 있는 존재가 없기 때문입니다. 하나님께서는 세상의 주권자이시니 자기 마음대로 하십니다. 그래서 자신은 이유 없이 심판받고 있으며 거짓 자백을 할 수밖에 없는 억울한 상황이라고 하소연합니다. 이는 흡사 악한 재판관이 가혹하게 심문하여 거짓으로 죄를 실토하게 만드는 경우 같습니다. 하나님을 불의한 재판관이라고 고발한 것입니다.

욥은 계속해서 더 강하게 말합니다. '하나님은 악한 사람과 온전한 사람을 함께 멸망시키는 공정하지 못한 분이시다. 더 나아가 하나님은 무죄한 사람의 절망을 보고 비웃는 잔인한 분이시다. 세상이 악하게 된 이유는 하나님께서 그렇게

하셨기 때문이다.' 신앙인으로서는 받아들이기 힘든 욥의 발언을 확인해보겠습니다.

21 나는 온전하다마는 내가 나를 돌아보지 아니하고 내 생명을 천히 여기는구나
22 일이 다 같은 것이라 그러므로 나는 말하기를 하나님이 온전한 자나 악한 자나 멸망시키신다 하나니
23 갑자기 재난이 닥쳐 죽을지라도 무죄한 자의 절망도 그가 비웃으시리라
24 세상이 악인의 손에 넘어갔고 재판관의 얼굴도 가려졌나니 그렇게 되게 한 이가 그가 아니시면 누구냐
(욥 9:21~24)

욥이 하나님을 비방한 내용은 상당히 많습니다. 대표적인 내용을 조금 더 살펴보겠습니다. 욥이 하나님을 비방한 사실을 분명히 하고 싶습니다. 왜냐하면 기존에 욥에게 우호적인 분들이 정말 많기 때문입니다. 욥은 분명히 훌륭한 신앙인입니다. 결국 하나님께 인정받았습니다. 그리고 너무 불쌍해서 심정적으로도 지지합니다. 그러나 욥기는 서론과 결론만 있지 않습니다. 그 사이에 있는 내용도 욥기입니다. 과연 욥이 하나님에 대해 어떻게 말했는지 확인해보겠습니다.

30 내가 눈 녹은 물로 몸을 씻고 잿물로 손을 깨끗하게 할지라도
31 주께서 나를 개천에 빠지게 하시리니 내 옷이라도 나를 싫어하리이다
32 하나님은 나처럼 사람이 아니신즉 내가 그에게 대답할 수 없으며 함

께 들어가 재판을 할 수도 없고

33 우리 사이에 손을 얹을 판결자도 없구나

34 주께서 그의 막대기를 내게서 떠나게 하시고 그의 위엄이 나를 두렵게 하지 아니하시기를 원하노라

35 그리하시면 내가 두려움 없이 말하리라 나는 본래 그렇게 할 수 있는 자가 아니니라

(욥 9:30~35)

욥은 본인이 깨끗하게 씻어도 하나님께서 자신을 더럽히실 것이라고 합니다. 그래서 하나님께 따지고 싶은 마음입니다. 그러나 상대가 하나님이기에 재판할 수가 없습니다. 재판할 수만 있다면 승소할 자신이 있습니다. 하나님께서 권력으로 위협하지 않으신다면 자신은 당당하게 말할 수 있답니다. 그러나 그러지 못하는 현실이 답답할 뿐입니다.

욥은 자신의 결백을 확신하고 있습니다. 그에 따르면 하나님께서는 의인이든 악인이든 상관없이 마음대로 대하시는 공의롭지 못한 분이십니다. 본인이 주권자라는 특권으로 자리를 피하셔서 시시비비를 가려볼 여지조차 없습니다. 하나님께서 문제 있는 분으로 밝혀지면 욥이 억울한 희생자라는 주장에 힘이 실립니다. 그래서 욥은 하나님께서 자기뿐만 아니라 다른 이들에게도 고통을 주신다고 고발합니다.

19 물은 돌을 닳게 하고 넘치는 물은 땅의 티끌을 씻어버리나이다 이와 같이 주께서는 사람의 희망을 끊으시나이다

20 주께서 사람을 영원히 이기셔서 떠나게 하시며 그의 얼굴빛을 변하게 하시고 쫓아보내시오니
21 그의 아들들이 존귀하게 되어도 그가 알지 못하며 그들이 비천하게 되어도 그가 깨닫지 못하나이다
22 다만 그의 살이 아프고 그의 영혼이 애곡할 뿐이니이다
(욥 14:19~22)

　욥에 의하면 하나님께서는 사람의 희망을 끊는 매정한 분이십니다. 끝까지 인간의 의지를 꺾어 좌절시키십니다. 21절의 "그의 아들들"은 신앙인을 가리킵니다. 하나님께서는 그들이 어떻게 되든지 관심이 없으십니다. 단지 그분께 상처받은 사람만 육신이 고통받고 영혼이 신음할 뿐입니다. 이처럼 욥은 자신의 무죄를 어필하기 위해 하나님 편에 문제가 있다고 일반화시켰습니다. 다음은 욥의 최후 변론 중 일부로 자신의 현재 상황에 대한 비유입니다.

19 하나님이 나를 진흙 가운데 던지셨고 나를 티끌과 재 같게 하셨구나
20 내가 주께 부르짖으나 주께서 대답하지 아니하시오며 내가 섰사오나 주께서 나를 돌아보지 아니하시나이다
21 주께서 돌이켜 내게 잔혹하게 하시고 힘 있는 손으로 나를 대적하시나이다
22 나를 바람 위에 들려 불려가게 하시며 무서운 힘으로 나를 던져 버리시나이다
23 내가 아나이다 주께서 나를 죽게 하사 모든 생물을 위하여 정한 집으로 돌려보내시리이다
(욥 30:19~23)

하나님께서 욥을 땅바닥에 팽개치셨습니다. 욥은 비참하게 흙무더기에 뒹굴려 먼지투성이가 되었습니다. 욥은 고개를 들어 하나님을 향하여 지친 몸을 일으켜 세웠습니다. 그리고 하나님을 불렀습니다. 그러나 하나님께서는 욥을 외면하고 눈길조차 주지 않으십니다. 누구도 막을 수 없는 폭력으로 자신을 억누르고 짓이기셨습니다. 그리고는 공중에 던져 버리셨습니다. 욥은 압도적인 힘에 휘둘리며 자신을 죽이려는 하나님의 진심을 느낍니다. 욥은 자기 상황을 이처럼 받아들이고 있었습니다. 욥의 말을 들으면 하나님처럼 나쁜 분이 없을 정도입니다.

(2) 나는 의롭다

욥이 하나님을 불의한 분이라고 고발한 내용을 살펴보았습니다. 이제 자신이 의롭다는 주장을 확인해보겠습니다. 과연 욥은 자신이 의롭다고 어떻게 말했을까요? 욥은 하나님을 잔혹하신 분이라고 한 후 바로 이어 자신의 순전함을 어필합니다. 현재 육체적으로는 고통스럽지만, 하나님 앞에 책잡힐 만한 잘못이 없기에 정신적으로는 기쁘다고 말합니다.

9 이는 곧 나를 멸하시기를 기뻐하사 하나님이 그의 손을 들어 나를 끊어 버리실 것이라
10 그러할지라도 내가 오히려 위로를 받고 그칠 줄 모르는 고통 가운데

서도 기뻐하는 것은 내가 거룩하신 이의 말씀을 거역하지 아니하였음이라
(욥 6:9~10)

계속해서 욥이 자기 '의'를 주장하는 직접적인 표현을 확인해보겠습니다. 욥은 자신의 허물을 지적하는 친구들에게 오히려 너희 죄를 회개하라고 역으로 지적했습니다. 그러면서 자신이 의롭다고 주장합니다.

너희는 돌이켜 행악자가 되지 말라 아직도 나의 의가 건재하니 돌아오라
(욥 6:29)

이는 욥이 자신이 의롭다고 처음으로 언급한 구절입니다. 본인이 의롭다는 구절을 하나 더 살펴보겠습니다.

하나님께 불러 아뢰어 들으심을 입은 내가 이웃에게 웃음거리가 되었으니 의롭고 온전한 자가 조롱거리가 되었구나
(욥 12:4)

욥은 자신이 의인임을 의심하지 않았습니다. 단지 의인인 자신이 재앙으로 인해 죄인 취급받는 것이 수치스러울 뿐이었습니다.

성경에서 중요한 키워드가 몇 개 있습니다. 그중 '의'는 빼놓을 수 없는 단어입니다. 특히 욥기의 핵심 주제와 관련 있습니다. 그래서 '의'로 번역된 원어를 정리해보겠습니다.

〈개역개정〉은 히브리어 'צדק'를 '의'로 번역하였습니다. 히브리어 기본형 'צדק'를 어근으로 하는 단어는 다음 네 가지입니다. 동사는 '짜다크'(צדק)로 명사는 '쩨데크'(צדק)로 읽습니다. 그리고 형용사 '짜디크'(צדיק)와 명사 '쩨다카(צדקה)가 있습니다.

고대 히브리어는 모음 기호 없이 자음 기록만 보고 읽었습니다. 그러다 보니 읽는 데 어려움이 있었습니다. 그래서 발음에 힌트를 주는 용도로 일부 자음 기호를 추가했습니다. 이런 표기법을 '마테르'라고 합니다. 'צדיק'(짜디크)의 알파벳 'י'(요드)와 'צדקה'(쩨다카)의 알파벳 'ה'(헤이)가 마테르입니다. 따라서 이 단어들은 겉보기에 달라 보이지만 같은 기본형을 지닌 뜻이 같은 단어입니다.

〈개역개정〉은 히브리어 '쩨데크'(צדק)와 '짜다크'(צדק)를 대개 '의'로 번역하였습니다. 문맥에 따라 '옳음'[6] 또는 '공평'[7] 등으로 의역하기도 하였습니다. 그리고 많은 경우 형용사인 '짜디크'(צדיק)는 '의인'[8] 으로, 명사인 '쩨다카'(צדקה)는 '공의'[9]로 번역하였습니다. 오늘날 관점으로 의, 옳음, 공평, 의인, 공의 등으로 세분하여 번역하였지만,

이들은 'צָדֵק'를 기본형으로 '의'라는 포괄적인 의미를 지닙니다. 그래서 번역 성경에서 잘 드러나지 않는 '의'(צָדֵק)가 있습니다. 본서는 이 점을 고려하였음을 참고해주시기 바랍니다.

---

6) "나는 결코 너희를 옳다(צָדֵק)하지 아니하겠고"(욥 27:5a).
7) "공평한(צָדֵק) 저울과 공평한(צָדֵק) 추와 공평한(צָדֵק) 에바와 공평한(צָדֵק) 힌을 사용하라"(레 19:36a).
8) "이것이 노아의 족보니라 노아는 의인(צָדֵיק)이요 당대에 완전한 자라"(창 6:9a).
9) "내가 내 공의(צְדָקָה)를 굳게 잡고 놓지 아니하리니"(욥 27:6a).

본문설명 내 속에 부끄러움이 가득하고

내가 악하면 화가 있을 것이며 내가 의로울지라도 머리를 들지 못하는 것은 내 속에 부끄러움이 가득하고 내 환난을 내 눈이 보기 때문이니이다 (욥 10:15)

이 구절에서 욥은 자기 속에 부끄러움이 가득해서 고개를 들 수 없다고 합니다. 자기를 부인하는 겸손한 고백으로 보입니다. 그러나 그렇게 보기에는 그 전에 "내가 의로울지라도"라며 자기 '의'를 가정한 것과 호응하지 않습니다. 〈개역개정〉의 "내 속에"는 원문에 없는 표현입니다. 또한 "부끄러움"은 자기 고백적인 뉘앙스를 지니고 있습니다. 이 구절을 원문의 의미를 살려 번역하면 다음과 같습니다.

만일 내가 악하다면 나에게 화가 있을 것이다. 나는 의롭지만, 고개를 들 수가 없다. 왜냐하면 나에게 수치스러운 일이 많고 고통이 있기 때문이다. (욥 10:15, 사역)

여기에서 욥에게 가득한 수치스러운 일과 고통은 바로 자신에게 닥친 재앙입니다. 욥은 보응 신학을 가지고 있었습니다. 자신이 무죄이기에 자신감이 있었습니다. 그래서 "내가 악하면 화가 있을 것"이라고 말했습니다. 따라서 욥이 고개를 들지 못한 이유는 자기의 죄를 보았기 때문이 아닙니다. 본인이 겪고 있는 고난이 보응 신학의 틀 안에서 자신의 의로움을 증명해주지 못하고 오히려 반대 역할을 하고 있기 때문입니다. 다음은 욥기 10:15의 의미가 드러난 번역입니다.

〈새번역〉: 내가 죄를 짓기만 하면 주께서는 가차 없이 내게 고통을 주시지만, 내가 올바른 일을 한다고 해서 주께서 나를 믿어 주시지는 않으셨습니다. 그러니 나는 수치를 가득 덮어쓰고서, 고통을 몸으로 겪고 있습니다.

〈공동번역〉: 악을 행하였다면 앙화를 받아 마땅합니다. 그러나 잘못한 일이 없다고 하여도 머리를 쳐들 수 없는 일, 아, 진저리쳐지도록 당한 이 수모가 지긋지긋하도록 괴롭습니다.

(3) 구원받을만한 신앙

욥이 아무리 무죄를 호소해도 친구들은 받아들이지 않았습니다. 그래서 본인이 구원받을만하다는 근거를 제시합니다. 욥은 무슨 근거를 제시했을까요?

15 그가 나를 죽이시리니 내가 희망이 없노라 그러나 그의 앞에서 내 행위를 아뢰리라(יכח)
16 경건하지 않은 자는 그 앞에 이르지 못하나니 이것이 나의 구원이 되리라
17 너희들은 내 말을 분명히 들으라 내가 너희 귀에 알려 줄 것이 있느니라
18 보라 내가 내 사정을 진술하였거니와 내가 정의롭다(צדק) 함을 얻을 줄 아노라
(욥 13:15~18)

욥은 하나님께서 자기를 이대로 죽여버리실 것이기에 희망이 없었습니다. 그러나 죽을 때 죽더라도 자신이 행한 일을 말하겠다고 합니다. 여기에서 "아뢰리라"로 번역된 히브리어는 '야카흐'(יכח)입니다. 구약성경의 다른 본문에서는 법적 용어인 '변론하다'[10], '판결하다'[11], '판단하다'[12] 등으로

---

10) "어찌 도움이 되지 아니하는 이야기, 무익한 말로 변론(יכח)하겠느냐"(욥 15:3).
11) "그가 열방 사이에 판단하시며 많은 백성을 판결(יכח)하시리니"(사 2:4a).
12) "그들은 송사로 사람에게 죄를 씌우며 성문에서 판단(יכח)하는 자를 올무로 잡듯하며"(사 29:21a).

번역되었습니다. 이처럼 문맥에 따라 법적 용어로도 사용됩니다. 따라서 15절은 하나님께 자기 행위를 변론하겠다는 의미입니다. 16절의 "그 앞에 이르지 못하나니"는 "구원"과 대비되는 개념입니다. 욥은 자기가 한 일들이 구원의 근거로 하나님 앞에 이를 것이라고 했습니다. 18절의 "정의롭다"는 히브리어 '짜다크'(צדק)로 '의'를 가리킵니다. 욥은 인간이 행위에 근거하여 하나님 앞에 설 수 있다는 '의'의 개념을 가지고 있었습니다.

욥은 하나님께서 보응의 원리로 세상을 다스리신다고 생각했습니다. 그리고 자신이 법에 저촉되지 않는 의인이라고 믿었습니다. 그런데 그런 자신에게 심판이 내려졌기 때문에 원칙이 깨졌습니다. 그래서 하나님께서 세상을 불의하게 통치하신다고 지적했습니다. 이처럼 욥은 하나님보다 자신이 더 의롭다고 생각했습니다. 세 친구와의 대화를 통해 욥기 1~2장에서 알 수 없었던 욥의 본심이 드러났습니다.

3. 인간은 원래 의로울 수 없어

(1) 친구들의 숙명론

욥이 하나님보다 자신이 더 의롭다고 하자 엘리바스는 어처구니가 없었습니다. 그는 인간이 하나님보다 의로울 수 없다고 반박합니다: "사람이 어찌 하나님보다 의롭겠느냐 사람이 어찌 그 창조하신 이보다 깨끗하겠느냐"(욥 4:17). 엘리바스는 인간은 피조물이기에 창조주 앞에서 운명적으로 의로울 수 없다고 생각했습니다. '여자에게서 태어난 사람은 결코 의로울 수 없어. 거룩하신 하나님께서 보시기에 피조 세계는 부정한 것투성이야. 그 속에서 인생은 범죄를 반복하며 필연적으로 의로울 수 없는 존재이지.' 이와 같은 엘리바스의 주장을 확인해보겠습니다.

14 사람이 어찌 깨끗하겠느냐 여인에게서 난 자가 어찌 의롭겠느냐
15 하나님은 거룩한 자들을 믿지 아니하시나니 하늘이라도 그가 보시기에 부정하거든
16 하물며 악을 저지르기를 물 마심 같이 하는 가증하고 부패한 사람을 용납하시겠느냐
(욥 15:14~16)

엘리바스는 더 나아가 인간의 '의'는 하나님께 가치가 없다고 주장합니다. 그는 욥이 범죄 했기 때문에 의롭지 못하다고 생각하고 있었습니다. 설사 백번 양보해서 욥이 죄를 짓지 않았다고 하더라도, 그것이 하나님께 유익한 점이 없습니다. 그러한 엘리바스의 주장은 다음과 같습니다.

네가 의로운들 전능자에게 무슨 기쁨이 있겠으며 네 행위가 온전한들 그에게 무슨 이익이 되겠느냐
(욥 22:3)

그가 생각하기에 하나님 앞에 인간의 '의'는 하찮은 것입니다. 하나님은 궁극적인 도덕률을 지닌 분이시기 때문에, 인간이 아무리 옳게 행하여도 하나님을 만족시킬 수 없다는 입장입니다.

두 번째 친구인 빌닷도 엘리바스와 마찬가지로 인간은 불의한 존재일 수밖에 없다고 주장합니다. 자기가 의롭다는 욥

의 주장을 꺾기 위해 욥뿐만 아니라 모든 인간은 의로울 수 없다고 반론했습니다: "그런즉 하나님 앞에서 사람이 어찌 의롭다 하며 여자에게서 난 자가 어찌 깨끗하다 하랴"(욥 25:4)

네 손이 깨끗함으로 말미암아

29 사람들이 너를 낮추거든 너는 교만했노라고 말하라 하나님은 겸손한 자를 구원하시리라
30 죄 없는 자가 아니라도 건지시리니 네 손이 깨끗함으로 말미암아 건지심을 받으리라
(욥 22:29~30)

　엘리바스는 욥에게 겸손히 친구들의 의견을 받아들이라고 했습니다. 자기 죄를 인정하면 하나님께서 구원해주실 것이라고 했습니다. 그리고 설령 죄가 있더라도 구원하실 테지만 "네 손이 깨끗함으로 말미암아" 구원받을 것이라고 했습니다. 이 구절은 전반부와 후반부가 자연스럽게 연결되지 않습니다. 전반부에서는 '네가 겸손히 죄를 자백하면 죄가 있어도 하나님께서 구원해주실 거야'라고 말하고, 바로 이어 후반부에서는 '네가 바르게 살아야 구원받을 수 있어'라는 듯 보입니다. 이는 우리가 "네 손이 깨끗함으로 말미암아"를 죄 없는 상태로 이해했기 때문입니다.

　여기에서 "네 손이 깨끗함으로 말미암아"는 '네 손바닥의 깨끗함 정도만으로도'라는 의미입니다. 손은 신체 중 작은 일부분에 불과합니다. 그러므로 손이 깨끗한 정도 즉 다른 이의 충고를 받아들인 겸손함 정도의 적은 '의'라도 있다면, 그 점을 보고 하나님께서 용납해주실 것이라는 의미입니다.

(2) 숙명론에 동의하는 욥

엘리바스와 빌닷만 인간이 숙명적으로 불의하다고 생각한 것은 아닙니다. 욥도 그렇게 생각했습니다. 엘리바스가 "사람이 어찌 하나님보다 의롭겠느냐"(욥 4:17a)라고 하자, 욥은 나도 그쯤은 알고 있다는 듯이 인간이 하나님 앞에서 의로울 수 없다고 인정합니다: "진실로 내가 이 일이 그런 줄을 알거니와 인생이 어찌 하나님 앞에 의로우랴"(욥 9:2).

이처럼 욥도 의로운 인생이 없다고 인정했습니다. 그런데 이 말을 들으니 의문이 하나 생깁니다. 욥은 하나님보다 자신이 의롭다는 입장입니다. 그런데 여기에서는 의인이 하나도 없다는 모순적인 말을 했습니다. 이는 이어지는 문맥인 9장 전체를 보면 욥이 무슨 의미로 한 말인지 알 수 있습니다. 본문에서 욥의 의도가 분명히 드러나는 부분을 살펴보겠습니다.

5 그가 진노하심으로 산을 무너뜨리시며 옮기실지라도 산이 깨닫지 못하며
6 그가 땅을 그 자리에서 움직이시니 그 기둥들이 흔들리도다
7 그가 해를 명령하여 뜨지 못하게 하시며 별들을 가두시도다
(욥 9:5~7)

'하나님께서 산을 무너뜨려 다른 곳에 새롭게 세우시더라도 산으로서는 어쩔 수 없어. 그리고 태양과 별들조차도 하나님의 힘에 꼼짝할 수 없지.' 이처럼 욥은 하나님의 절대적인 주권을 인정했습니다. 하나님의 주권을 인정하고 그 권위 아래에서 인간이 부족하다고 주장하려는 듯 보입니다. 그러나 이어지는 12절에서 다음과 같이 말합니다.

하나님이 빼앗으시면 누가 막을 수 있으며 무엇을 하시나이까 하고 누가 물을 수 있으랴
(욥 9:12)

욥은 하나님께서 누군가에게서 무엇이든지 빼앗아버리시면 감히 누구도 왜 그러시냐고 반문할 수조차 없다고 합니다. 욥은 인간의 자기 부정, 즉 하나님 앞에서 겸비하여 "인생이 어찌 하나님 앞에서 의로우랴?"(욥 9:2b)라고 말한 게 아닙니다. 하나님께서 무소불위의 권력으로 군림하시니 그 앞에서 인간이 어찌 의로울 수 있느냐는 입장입니다.

(3) 인간은 숙명적으로 의롭지 못한가?

인간은 피조물이기에 어쩔 수 없이 의로울 수 없다는 이들의 입장을 어떻게 생각해야 할까요? 욥과 엘리바스와 빌닷이 하나님을 절대적인 '의'를 지닌 분으로 높인 점은 공감합니다. 그러나 그들의 주장은 존재적 숙명론입니다. 그들은 자기들이 죄인이라고 인정한 적이 없습니다. 그들의 주장은 인간이 죄로 거룩한 하나님께 나아갈 수 있는 '의'를 상실했다는 의미와 다릅니다. 하나님께서는 공의로운 분이십니다. 어떤 사람에게 죄가 없는데도 불구하고 피조물이기에 무조건 불의하다고 평가하지 않으십니다. 그러나 그들은 하나님께서 창조주시기에 절대적인 '의'를 가지고 계시는 반면 인간은 피조물이기에 결코 의로울 수 없다고 했습니다. 그들의 주장대로라면 하나님께서는 인간에게 '의'를 요구하실 수 없습니다.

그러나 하나님께서는 인간에게 '의'를 요구하셨습니다: "네가 선을 행하면 어찌 낯을 들지 못하겠느냐 선을 행하지 아니하면 죄가 문에 엎드려 있느니라 죄가 너를 원하나 너는 죄를 다스릴지니라"(창 4:7). 인간은 피조물이기에 어쩔 수 없이 의롭지 못한 게 아닙니다. 인간은 죄를 지었기에 '의'를 상실한 것입니다. 욥과 친구들은 규범적 지혜로 '여자에게서 난 자'는 의로울 수 없다고 단정했습니다. 그러나 그들의 지혜를 넘어서는 하나님의 일하심이 있습니다. 그 일을 하신 후 하나님께서는 인간에게 '의'를 요구하십니다: "내가 너희에게 이르노니 너희 의가 서기관과 바리새인보다 더 낫지 못하면 결코 천국에 들어가지 못하리라"(마 5:20).

" 깊이 있는 묵상을 위한 질문 "

1. 욥기 3~31장에 관하여

(1) 친구가 세 명 등장한 이유가 있을까요?

(2) 세 친구의 주장을 요약하면 무엇인가요?

(3) 욥의 주장을 요약하면 무엇인가요?

(4) 욥기의 핵심 키워드가 '의'(צדקה)라는 견해를 어떻게 생각하시나요?

2. 신학적 고찰

(1) 인과응보 사상과 보응 신학을 구별할 필요가 있을까요?

(2) 세 친구의 보응 신학과 욥의 보응 신학의 공통점과 차이점은 무엇인가요?

(3) 인간은 원래 의로울 수 없다는 견해를 어떻게 생각하시나요?

엘리후가 말을 이어 이르되
그대는 이것을 합당하게 여기느냐
그대는 그대의 의가 하나님께로부터 왔다는 말이냐
(욥 35:1~2)

제3장 반성적 지혜로의 초대

1. 엘리후는 누구인가?

(1) 엘리후에 대한 세 가지 견해

욥이 끝까지 자기 '의'를 주장하자 세 친구는 더 이상 할 말이 없었습니다. 그때 욥기는 새로운 막이 열립니다. 그 막을 여는 인물은 엘리후입니다. 엘리후는 매우 중요한 인물입니다. 그의 주장을 어떻게 이해하느냐에 따라 욥기의 해석이 달라집니다. 엘리후에 대한 견해는 크게 세 가지로 나누어 볼 수 있습니다.

첫째, 고난 이전부터 욥이 의인이라는 해석자들은 엘리후를 세 친구와 다를 바 없다고 생각합니다. 이들이 보기에 엘리후는 상당히 도전적인 말투로 의인인 욥을 정죄했습니다. 욥을 정죄했던 세 친구는 결론에서 하나님께 책망을 들었습니다. 따라서 엘리후도 세 친구처럼 문제가 있다고 생각합니다.

둘째, 엘리후는 세 친구보다 조금 더 깨달음에 깊이가 있다는 입장입니다. 이 견해도 고난 이전부터 욥이 의인이라고 생각합니다. 그렇기에 엘리후가 욥을 비난한 점은 잘못했다고 생각합니다. 그러나 욥과 세 친구가 그의 주장에 반론하지 못했고, 하나님께서 엘리후를 책망하지 않으신 점을 보면 엘리후의 주장 자체를 무시할 순 없다고 생각합니다. 그리고 엘리후가 세 친구와 다를 바 없다면, 욥이 최종 변론을 마쳤는데 엘리후가 다시 논점을 되돌린 게 됩니다. 이는 욥기 전체의 완성도를 해칩니다. 또한 엘리후는 세 친구와 같은 입장이면서 그들을 책망하는 불합리한 존재가 됩니다. 그렇기에 엘리후를 세 친구와 구별해서 그들보다 조금 더 지혜로운 측면이 있다고 봅니다.

셋째, 엘리후가 욥과 세 친구가 깨닫지 못한 지혜를 제시한다는 입장입니다. 그는 규범적 지혜에서 반성적 지혜로 이끄는 존재이고, 욥에게 닥친 고난의 의미와 하나님의 일하심을 설명했다고 봅니다.

세 친구와 같은 지혜자	세 친구보다는 나은 지혜자	욥과 세 친구보다 나은 지혜자
세 친구 = 엘리후 〈 욥	세 친구 〈 엘리후 〈 욥	세 친구 ≤ 욥 〈 엘리후

(2) 엘리후가 중요한 이유

필자는 엘리후가 중요하다는 세 번째 입장입니다. 그의 주장을 소홀히 여길 수 없는 이유를 네 가지로 정리해보았습니다.

첫째, 하나님께서는 욥을 무지하다고 지적하셨습니다: "그 때에 여호와께서 폭풍우 가운데에서 욥에게 말씀하여 이르시되 무지한 말로 생각을 어둡게 하는 자가 누구냐"(욥 38:1~2). 그리고 세 친구도 책망하셨습니다: "여호와께서 데만 사람 엘리바스에게 이르시되 내가 너와 네 두 친구에게 노하나니"(욥 42:7b). 그러나 엘리후에게는 어떤 지적도 하지 않으셨습니다. 엘리후에게 문제가 있었다면 하나님께서 그에게도 어떤 평가를 하셨을 것입니다. 그러므로 엘리후의 주장은 다른 이들과 다릅니다.

둘째, 욥은 자기를 책망하는 엘리후에게 아무런 대응을 하지 못했습니다. 그는 세 친구에게는 일일이 대응했습니다. 그러나 엘리후가 할 말이 있으면 해보라는 데도 반박하지 않았습니다: "만일 할 말이 있거든 대답하라 내가 기쁜 마음으로 그대를 의롭다 하리니 그대는 말하라"(욥 33:32). 그 이유는 욥이 엘리후의 말을 인정했기 때문입니다.

셋째, 엘리후는 전지적 시점의 서술자가 소개한 독특한 존재입니다. 욥기는 대부분 등장 인물이 직접 대화를 주고받는 형태로 이루어졌습니다. 그런데 저자가 직접 엘리후가 나선

이유를 설명해줍니다: "그가 욥에게 화를 냄은 욥이 하나님보다 자기가 의롭다함이요 또 세 친구에게 화를 냄은 그들이 능히 대답하지 못하면서도 욥을 정죄함이라"(욥 32:2b~3). 그 설명을 통해 엘리후가 욥이나 세 친구와는 다른 관점을 제시함을 알 수 있습니다.

넷째, 엘리후는 욥과 친구들을 침묵시키고 여호와의 출현을 이끌었습니다. 이는 그가 하나님과 그들 사이를 중계한다고 볼 수 있습니다.

이와 같은 이유로 엘리후를 가벼이 여길 수 없습니다. 기존에 엘리후의 주장이 무슨 의미인지 많이 알려지지 않았습니다. 그래서 본서는 엘리후의 핵심적인 주장을 조금 더 주의 깊게 살펴보겠습니다.

2. 대속물에 의한 '의' (33장)

엘리후는 세 친구가 욥의 문제를 잘 설명해주기를 기다렸습니다. 그러나 그들이 고난의 의미를 제대로 파악하지 못하고 있음을 알았습니다. 그래서 자신이 현 상황을 설명하기로 결심합니다.

욥은 하나님께서 자신의 부름에 응답하지 않으신다고 불평했었습니다. 엘리후는 그에 대해 대답합니다. '하나님께서 인간의 부름에 일일이 답하실 의무는 없습니다. 그런데도 인간에게 다양한 형태로 메시지를 전하십니다. 그렇게 경고하시는 이유는 그 사람을 잘못된 행실에서 돌이키고 교만하지 않도록 하기 위해서입니다. 하나님께서는 인간이 죄로 스스로 멸망하기까지 방관하지 않으십니다. 그러나 하나님께서 반복해서 말씀하셔도 인간은 알아듣지 못하거나 관심이 없습니다.' 본문에서 그의 말을 확인해보겠습니다.

13 하나님께서 사람의 말에 대답하지 않으신다 하여 어찌 하나님과 논
쟁하겠느냐
14 하나님은 한 번 말씀하시고 다시 말씀하시되 사람은 관심이 없도다
15 사람이 침상에서 졸며 깊이 잠들 때에나 꿈에나 밤에 환상을 볼 때에
16 그가 사람의 귀를 여시고 경고로써 두렵게 하시니
17 이는 사람에게 그의 행실을 버리게 하려 하심이며 사람의 교만을 막
으려 하심이라
(욥 33:13~17)

욥과 세 친구는 하나님을 상벌을 주는 보응의 집행자로만
생각했습니다. 그러나 엘리후는 하나님께서 인생이 죄로 망
하지 않도록 개입하셔서 훈육하신다고 설명합니다. 인생의
고난은 훈육을 위한 설득의 과정이라는 것입니다. 기존의 규
범적 지혜와는 다른 내용입니다.

이어서 엘리후는 어떤 사람을 예로 듭니다. 질병으로 고통
받는 사람이 있었습니다. 그는 너무 아파서 식욕을 잃고 체
중이 심각하게 줄었습니다. 결국 죽음이 가까워졌습니다.

19 혹은 사람이 병상의 고통과 뼈가 늘 쑤심의 징계를 받나니
20 그의 생명은 음식을 싫어하고 그의 마음은 별미를 싫어하며
21 그의 살은 파리하여 보이지 아니하고 보이지 않던 뼈가 드러나서
22 그의 마음은 구덩이에, 그의 생명은 멸하는 자에게 가까워지느니라
(욥 33:19~22)

소망 없이 죽어가던 그 사람에게 하나님의 사역자 중 하나가 나타났습니다. 그는 죽어가는 사람에게 어떤 진실을 가르쳐줍니다. 그때 하나님께서 은혜를 베푸시며 명령하십니다. '그를 죽음에서 건져라. 내가 대속물을 발견했다.'

23 만일 일천 천사(מלאך) 가운데 하나가 그 사람의 중보자(מליץ)로 함께 있어서 그의 정당함을 보일진대(להגיד לאדם ישרו)
24 하나님이 그 사람을 불쌍히 여기사 그를 건져서 구덩이에 내려가지 않게 하라 내가 대속물(כפר)을 얻었다 하시리라
(욥 33:23~24)

여기에서 "천사"로 번역된 '말락'(מלאך)은 대개 천상의 존재인 하나님의 일꾼을 가리킵니다. 그러나 선지자 학개나 제사장들도 '말락'(מלאך)으로 불렸습니다.[13] 따라서 위의 '말락'(מלאך)을 초월적인 천사로 한정할 필요는 없습니다. 인간 사역자일 수도 있습니다.

그리고 엘리후가 "중보자"를 언급했기 때문에 혹시 엘리후가 예수 그리스도를 예언한 것인가 생각할 수 있습니다. 그러나 중보자로 번역된 히브리어 '리츠'(מליץ)를 예수 그리스도로까지 연결하는 것은 무리입니다. 본문에서 '리츠'(מליץ)는 여러 일꾼 중 하나이기에 하나님의 유일한 아들과는 다른 존재입니다. 다른 본문에서는 '통역'[14], '교사'[15] 등으로 번역되었습니다. 따라서 우리는 '리츠'(מליץ)를 무언가를 설명해주는 전달자 정도로 이해하면 될 듯합니다.

"대속물"로 번역된 '*코페르*'(כפר)는 다른 곳에서 '속죄금'[16] 또는 '속전'[17]으로 번역되었습니다. 그 의미는 죄 사함을 위해 지불하는 대가입니다.

"그의 정당함을 보일진대"는 일꾼 중 하나가 죽어가던 사람의 정당함을 하나님께 전한다는 의미로 보입니다. 죽어가던 사람에게 이미 정당함이 있었기에 하나님께서 그를 죽음에 이르지 않도록 명령하신 것입니다. 그렇다면 하나님께서 얻으신 대속물은 그 사람을 구원하는데 무슨 상관이 있을까요? 그 사람이 구원받은 원인은 '그의 정당함인가?' 아니면 '하나님께서 얻으신 대속물인가?' 하는 의문이 생깁니다. 개역개정에서는 정당함이 그 사람의 소유인 "그의 정당함을 보일진대"로 번역되었습니다. 그러나 같은 동사와 전치사로 이루어진 다른 본문에서는 소유격이 아닌 목적보어로 번역되었습니다.

여호와의 말씀을 너희에게 전하였노라(להגיד לכם את־דבר יהוה)
(신 5:5b)
왕이 그의 꿈을 자기에게 알려 주도록(להגיד למלך חלמתיו)
(단 2:2a)

---

13) "그때에 여호와의 사자(מלאך) 학개가 여호와의 위임을 받아"(학 1:13a).
14) "그들 사이에 통역(מליץ)을 세웠으므로 그들은 요셉이 듣는 줄을 알지 못하였더라"(창 42:23).
15) "네 시조가 범죄하였고 너의 교사(מליץ)들이 나를 배반하였나니"(사 43:27).
16) "만일 그에게 속죄금(כפר)을 부과하면 무릇 그 명령한 것을 생명의 대가로 낼 것이요"(출 21:30).
17) "고의로 살인죄를 범한 살인자는 생명의 속전(כפר)을 받지 말고 반드시 죽일 것이며"(민 35:31).

이처럼 본문은 '정당함을 그에게 전함'(לְהַגִּיד לְאָדָם יָשְׁרוֹ)이 더 적절합니다. 즉 인간의 정당함을 하나님께 전한 게 아니고, 인간에게 정당함을 전한 것입니다. 그러므로 죽어가던 사람이 구원받은 원인은 하나님께서 얻으신 대속물입니다. 하나님의 일꾼이 그 사람에게 전한 정당함은 바로 그가 대속물에 의해 구원받는다는 사실입니다.

하나님의 구원 명령이 떨어지자 죽어가던 사람이 회복됩니다. 그뿐 아니라 하나님과의 관계도 회복됩니다.

25 그런즉 그의 살이 청년보다 부드러워지며 젊음을 회복하리라
26 그는 하나님께 기도하므로 하나님이 은혜를 베푸사 그로 말미암아 기뻐 외치며 하나님의 얼굴을 보게 하시고 사람에게 그의 공의(צִדְקָה)를 회복시키시느니라
(욥 33:25~26)

26절의 "공의"로 번역된 히브리어는 '쩨다카'(צִדְקָה) 즉 '의'입니다. 그런데 여기에서도 궁금한 점이 생깁니다. '의'의 소유자인 '그'는 누구일까요? '그'가 죽어가던 사람일 수 있습니다. 그렇다면 인간이 원래 가지고 있다가 상실한 의를 회복한다는 말입니다. 그러나 그 사람은 징계받고 있었습니다: "혹은 사람이 병상의 고통과 뼈가 늘 쑤심의 징계를 받나니"(욥 33:19). 그러므로 죽어가던 그 사람은 의인이 아닙니다.

본문의 '의'는 대속물에 의한 '의'입니다. 그 '의'가 인간에게 적용된 것입니다. 이사야서를 보면 하나님께서 인간에게 구원을 베푸실 때 하나님의 '쩨다카'(צדקה)에 의지하셨습니다: "사람이 없음을 보시며 중재자가 없음을 이상히 여기셨으므로 자기 팔로 스스로 구원을 베푸시며 자기의 공의(צדקה)를 스스로 의지하사"(사 59:16). 이처럼 구원에 있어서 '쩨다카'(צדקה)의 주체는 인간이 아니고 하나님이십니다. 따라서 '그'는 하나님을 가리키고 '그의 의'는 '하나님의 의'입니다. 그래서 원문 직역에 충실하다고 알려진 영문번역본 NASB도 '그의 의'를 '하나님의 의'로 번역하였습니다. "His righteousness"(그의 의)에서 'His'를 대문자로 하여 '그'를 하나님으로 지목하였습니다.[18] 엘리후는 대속물을 통한 하나님의 '의'가 인간에게 주어진다고 말한 것입니다. 아마 욥은 이 설명을 듣고 구원의 '의'가 무엇인지 깨달았을 것입니다.

하나님께 '의'를 부여받고 구원받은 사람은 어떻게 되었을까요? 그는 다른 이들에게 하나님께서 하신 일을 찬양합니다.

27 그가 사람 앞에서 노래하여 이르기를 내가 범죄하여 옳은 것을 그르쳤으나 내게 무익하였구나(ולא־שוה לי)
28 하나님이 내 영혼을 건지사 구덩이에 내려가지 않게 하셨으니 내 생명이 빛을 보겠구나 하리라 (욥 33:27~28)

---

18) "Then he will pray to God, and He will accept him, That he may see His face with joy, And He may restore His righteousness to man."(Job 33:26 NASB).

여기에서 "내게 무익하였구나"라는 번역은 적절하지 않습니다. 원문을 직역하면 '그는 나에게 똑같이 하지 않았다' 정도입니다. 그러므로 27절은 그 사람이 옳지 않게 행했지만, 하나님께서 똑같이 갚지 않으셨다는 의미입니다.

29 실로 하나님이 사람에게 이 모든 일을 재삼 행하심은
30 그들의 영혼을 구덩이에서 이끌어 생명의 빛을 그들에게 비추려 하심이니라
(욥 33:29~30)

"재삼"은 두 번 세 번이라는 뜻입니다. 30절에서 "그들의 영혼을"이라고 3인칭 복수형으로 번역되었는데 원문은 3인칭 단수형입니다. 즉 '그의 영혼을'이 적절합니다. "그들에게"는 히브리어 원문에는 없는 표현입니다. 번역자가 "그들의 영혼을"이라고 번역하고 자연스럽게 읽히도록 의역한 것으로 보입니다. 따라서 엘리후는 어떤 사람에 대한 예를 '그들'이라고 일반화시키지 않았습니다. 19절부터 30절까지 어떤 사람에 대한 비유입니다.

엘리후는 이 비유를 마치고 욥에게 할 말이 있으면 해보라고 합니다. 자기 말을 듣고도 반론을 제기한다면 욥이 의롭다고 인정하겠다는 것입니다.

32 만일 할 말이 있거든 대답하라 내가 기쁜 마음으로 그대를 의롭다 하리니 그대는 말하라

33 만일 없으면 내 말을 들으라 잠잠하라 내가 지혜로 그대를 가르치리라 (욥 33:32~33)

이처럼 엘리후가 도발적으로 물었지만, 욥은 반박하지 않았습니다. 엘리후가 설명한 '의'를 인정했기 때문입니다.

이 비유는 욥기의 핵심 주제 중 하나인 '의란 무엇인가?'를 설명합니다. 이해를 돕기 위해 지금까지 내용을 요약해보겠습니다. 어떤 사람이 심한 질병으로 고통받다가 죽음의 위기에까지 이르렀습니다. 그 사람이 절망 가운데 있을 때 하나님의 일꾼 중 하나가 중요한 사실을 그에게 전해줍니다. 그 사실은 하나님께서 대속물을 얻으셨기 때문에 멸망에 이르지 않아도 된다는 구원의 소식입니다. 그때 그에게 '의'가 주어지며 하나님과의 관계가 회복됩니다. '의'가 회복된 사람은 다른 이들에게 하나님께서 하신 일을 찬양합니다. 하나님께서는 사람에게 생명의 빛을 비추시기 위해 이러한 일을 반복하기도 하십니다. 이것이 인간을 구원으로 인도해 가시는 하나님의 경륜입니다. 엘리후는 이러한 신앙의 신비를 설명하였습니다.

"내가 대속물을 얻었다"(욥 33:24)

위 내용을 보고 신약성경이나 조직신학의 대속 이론을 억지로 욥기에 끼워 맞췄다고 생각할 수 있습니다. 그러나 본서는 욥기 본문만으로 논지를 이어가고 있습니다. 그리고 신약성경과 조직신학의 대속 이론은 구약성경과 별개가 아닙니다. 신약성경은 구약성경과 분리할 수 없는 연계성이 있습니다. 그리고 조직신학은 성경에서 교리를 정리한 내용입니다. 따라서 대속 이론은 신약성경이나 조직신학에만 있지 않습니다. 구약성경도 여러 곳에서 대속을 설명하고 하나님께 얻는 구원의 '의'를 가르쳐줍니다: "그는 여호와께 복을 받고 구원의 하나님께 의를 얻으리니"(시 24:5). 위 내용은 엘리후의 설명 중 언급된 "대속물"을 해석했을 뿐입니다.

3. 변호사 엘리후 (34장)

욥은 원고가 되어 하나님을 피고로 고소했습니다. 그는 자신이 부당하게 억압받고 있다고 억울함을 호소했습니다. 그래서 엘리후가 하나님의 변호인으로 나섰습니다. 그러면서 배심원인 다른 지혜자들에게 판단을 요청하며 변론을 시작합니다: "지혜 있는 자들아 내 말을 들으며 지식 있는 자들아 내게 귀를 기울이라"(욥 34:2). 그는 욥의 고소장을 먼저 읽습니다.

5 욥이 말하기를 내가 의로우나 하나님이 내 의를 부인하셨고
6 내가 정당함에도 거짓말쟁이라 하였고 나는 허물이 없으나 화살로 상처를 입었노라 하니
(욥 34:5~6)

그리고 엘리후는 하나님께서 세상을 통치할 자격이 있는 분임을 강조합니다. '하나님께서는 세상의 창조주로서 주권을 가지고 계십니다. 욥의 말대로 하나님께서 불의하시다면 모두 그분의 통치 아래에서 고통 끝에 죽어갈 것입니다. 그러나 하나님께서는 정의롭고 은혜로운 분이십니다. 그렇기에 모든 인간은 하나님의 은혜로 생명을 유지하며 살아가고 있습니다.' 이와 같은 엘리후의 말을 확인해보겠습니다.

13 누가 땅을 그에게 맡겼느냐 누가 온 세상을 그에게 맡겼느냐
14 그가 만일 뜻을 정하시고 그의 영과 목숨을 거두실진대
15 모든 육체가 다 함께 죽으며 사람은 흙으로 돌아가리라
16 만일 네가 총명이 있거든 이것을 들으며 내 말소리에 귀를 기울이라
17 정의를 미워하시는 이시라면 어찌 그대를 다스리시겠느냐 의롭고 전능하신 이를 그대가 정죄하겠느냐
(욥 34:13~17)

하나님께서는 인간을 차별대우하지 않고 공정하게 보응을 실현하십니다: "고관을 외모로 대하지 아니하시며 가난한 자들 앞에서 부자의 낯을 세워주지 아니하시나니 이는 그들이 다 그의 손으로 지으신 바가 됨이라"(욥 34:19). 그는 전능하시기에 자객을 동원하지 않아도 악인의 생명을 직접 거둘 수 있으십니다: "그들은 한밤중에 순식간에 죽나니 백성은 떨며 사라지고 세력 있는 자도 사람의 손을 빌리지 않고 제거함을 당하느니라"(욥 34:20). 그리고 모든 사람의 일거

수일투족을 지켜보고 계시기에 악인이 숨을 곳은 없습니다. 그러므로 하나님께서는 보응을 완벽하게 이루실 수 있습니다: "그는 사람의 길을 주목하시며 사람의 모든 걸음을 감찰하시나니 행악자는 숨을 만한 흑암이나 사망의 그늘이 없느니라"(욥 34:21~22). 또한 인간을 판단하는 데 오랜 시간이 걸리지 않습니다: "하나님은 사람을 심판하시기에 오래 생각하실 것이 없으시니"(욥 34:23).

이어서 하나님께서 권력자들을 심판하시는 이유를 설명합니다. 그 이유는 그들이 바른길에서 떠나 불의를 행하기 때문입니다. 권력자들은 약자들을 괴롭힙니다. 그로 인해 약자들이 부르짖으면 하나님께서 그들의 탄원을 들으십니다.

26 그들을 악한 자로 여겨 사람의 눈앞에서 치심은
27 그들이 그를 떠나고 그의 모든 길을 깨달아 알지 못함이라
28 그들이 이와 같이 하여 가난한 자의 부르짖음이 그에게 상달하게 하며 빈궁한 사람의 부르짖음이 그에게 들리게 하느니라
(욥 34:26~28)

"그들"은 권력자들을 가리킵니다. 악한 권력자들은 가난한 자들을 착취합니다. 하나님께서는 부르짖는 가난한 자들을 위해서 정의를 구현하십니다. 결국 권력자를 임의로 교체하십니다.

엘리후의 설명 중 욥기 34:29~32는 히브리어 원문이 매우 난해합니다. 그래서 여러 번역본 간에 의미 차이가 큽니

다. 이 구절의 의미를 알기 위해 고대 근동 언어학자의 번역을 인용하겠습니다.[19]

29 그가 침묵하시면 누가 잘못되었다고 할 수 있겠는가? 그분께서 얼굴을 숨기시면 대체 누가 그분을 뵐 수 있겠는가? 집단이든 개인이든 마찬가지이다.

30 하나님 안 믿는 자가 왕이 되게 하실지라도, (하나님께서 그 왕을 통해) 백성들을 옭아매실지라도.

31 누가 하나님께 "나는 죄 용서를 받았고 나는 범죄하지 않았다"고 말할 수 있겠는가?

32 (누가 하나님께) "비록 나는 모르지만(내가 보아서는 아무 잘못한 것이 없지만), 내가 죄를 범했는지 당신께서 알려주세요. 그러면 더 이상 안 하겠습니다" (라고 말할 수 있겠는가?)

(욥 34:29~32, 송민원 역)

29~30절에서 엘리후는 보응의 원리에 따라 행하시지 않거나 누구를 권력자로 세우든지 하나님의 자유라고 했습니다. 그러나 31~32절에서 하나님의 자유를 인정하기는커녕 겸손하게 지혜를 구하는 사람조차 없다고 합니다. 이는 하나님께서 보응을 제대로 실행하시지 않는다고 따지는 욥에게 한 대답입니다.

욥기 34장은 엘리후가 하나님 편에 서서 그를 변호한 내

---

19) 송민원 박사 : 시카고대학(The University of Chicago) 고대근동학과에서 비교셈어학과 문헌학을 공부하고 시카고대학에서 성경히브리어를 가르쳤다. 이스라엘 텔아비브 소재의 이스라엘성서연구소(Israel Institute of Biblical Studies)에서 성경 원어와 구약의 히브리적 배경 등을 가르치는 교수로 재직하고 있다.

용입니다. 이해를 돕기 위해 위 내용을 정리하면 다음과 같습니다. 하나님께서는 불의를 행하지 않으시고 공의로운 분이십니다. 그는 보응으로 세상을 다스릴 자격과 능력이 있으십니다. 권력자들이 심판받는 이유는 그들이 백성을 억압했기 때문입니다. 그러나 설령 그들을 심판하지 않으시거나 하나님을 믿지 않는 자를 권력자로 세우시더라도 하나님의 잘못이라고 할 수 없습니다. 하나님께는 그렇게 하실 수 있는 자유가 있으십니다. 따라서 하나님께서 부당하다는 욥의 주장은 옳지 않습니다.

엘리후는 마지막에 지혜로운 사람이라면 욥이 얼마나 어리석은지 알지 않느냐고 묻습니다: "슬기로운 자와 내 말을 듣는 지혜 있는 사람은 반드시 내게 말하기를 욥이 무식하게 말하니 그의 말이 지혜롭지 못하도다 하리라"(욥 34:34~35). 여러분의 생각은 어떠신가요? 욥은 진정한 지혜자인가요? 아닌가요?

욥기 34:18은 무슨 의미일까?

17 정의를 미워하시는 이시라면 어찌 그대를 다스리시겠느냐 의롭고
전능하신 이를 그대가 정죄하겠느냐
18 그는 왕에게라도 무용지물이라 하시며 지도자들에게라도 악하다
하시며(האמר למלך בליעל רשע אל־נדיבים)
(욥 34:17~18)

18절은 하나님께서 위대하시기에 왕이나 지도자들조차
별 볼일 없이 취급하실 수 있다는 의미입니다. 일견 틀린 말
은 아닌 것 같지만 이 번역은 적절하지 않습니다. 왜냐하면
18절은 의문문이기 때문입니다.[20] 원문을 직역하면 다음과
같습니다.

왕에게 무가치하다고 귀족들에게 악하다고 말하겠느냐?
(욥 34:18, 사역)

17절에서 엘리후는 욥에게 하나님을 정죄할 수 있는지
물었습니다. 그리고 이어지는 18절에서 왕이나 귀족들에게
도 부정적으로 말할 수 있는지 물어본 것입니다. 이는 왕이
나 귀족들에게조차 부정적인 말을 못 하면서 감히 하나님을
정죄할 수 있느냐고 빈정거린 것입니다.

---

20) 이 문장의 동사 '아마르'(אמר)의 접두사 '하'(ה)가 의문접두사입니다.

본문설명 그대의 뜻대로 속전을 치르겠느냐

하나님께서 그대가 거절한다고 하여 그대의 뜻대로 속전(סלם)을 치르
겠느냐 그러면 그대가 스스로 택할 것이요 내가 할 것이 아니니 그대는
아는 대로 말하라

(욥 34:33)

'속전'은 죄를 면하기 위해 바치는 돈입니다. 위 구절은
하나님께서 속전을 주었는데 욥이 그것을 거절했다는 의미
입니다. 무슨 상황인지 이해가 쉽지 않습니다. 여기에서 "속
전"으로 번역된 히브리어는 '살람'(סלם)입니다. 이 단어는
레위기에서 동일한 대가의 보상으로 쓰였습니다.[21] 이에
따라 "하나님께서 그대가 거절한다고 하여 그대의 뜻대로
속전을 치르겠느냐"라는 부분을 번역하면 '당신이 거부하였
다고 그가 당신에게 갚아야 한단 말입니까?'정도입니다. 따
라서 위 구절은 하나님께서 고난에 대한 책임을 지고 욥이
원하는 보상을 해야 하느냐는 의미입니다. 대개 히브리어
'코페르'(כפר)를 '속전'으로 번역합니다. 위 구절의 "속전"
은 오해를 낳을 수 있습니다.

---

21) "짐승을 쳐 죽인 자는 짐승으로 갚을 것이며(סלם)"(레 24:18).
"짐승을 죽인 자는 그것을 물어 줄 것이요(סלם)"(레 24:21a).

📖 **본문설명** 욥이 끝까지 시험 받기를 원하노니

나는 욥이 끝까지 시험(בחן) 받기를 원하노니 이는 그 대답이 악인과 같음이라

(욥 34:36)

위 구절은 엘리후가 한 말입니다. 여기에서 "시험"은 욥이 현재 받는 고난을 가리킨다고 생각됩니다. 그래서 엘리후가 욥이 고난을 계속 받았으면 좋겠다고 말한 것 같습니다. 그러나 "욥이 끝까지 시험 받기를 원하노니"라는 번역은 오해의 소지가 있습니다. "시험"으로 번역된 *바한*(בחן)은 구약성경에서 '감찰'[22] 또는 '분별'[23] 등으로 번역됩니다. 그러므로 위에서 말한 "시험"은 욥의 고난을 가리킨다기보다, 하나님께서 욥의 마음을 살피시는 것을 의미합니다. 엘리후는 욥이 악인과 다를 바 없는 말을 했기 때문에 철저히 조사받아야 한다고 주장한 것입니다.

오늘날 교회에서 '시험'은 크게 두 가지 의미로 받아들여지는 듯합니다. 하나는 연단을 목적으로 하는 훈련이고 다른 하나는 평가를 위한 테스트입니다. 그러나 엄밀하게 말하면 욥이 겪는 시련은 연단을 위한 훈련도 평가받기 위한 테스트도 아닙니다. 엘리후에 의하면 욥의 고난은 자기 '의'

---

22) "여호와는 의인을 감찰하시고(בחן)"(시 11:5a).
"나의 하나님이여 주께서 마음을 감찰하시고(בחן)"(대상 29:17a).
"공의로 판단하시며 사람의 마음을 감찰하시는(בחן) 만군의 여호와여"(렘 11:20a).
23) "입이 음식물의 맛을 분별함 같이 귀가 말을 분별하나니(בחן)"(욥 34:3).

를 드러내기 위한 과정입니다. 따라서 여기에서 '*바한*'(בחן)
은 '감찰'이라는 번역이 적절합니다.

우리와 어울려 손뼉을 치며

그가 그의 죄에 반역을 더하며 우리와 어울려(יב) 손뼉을 치며(ספק)
하나님을 거역하는 말을 많이 하는구나
(욥 34:37)

엘리후는 욥이 철저하게 조사받기를 원한다고 한 뒤 위
와 같이 말했습니다. 여기에서 '그'는 욥을 가리킵니다. 그
런데 욥이 죄를 짓고 "우리와 어울려 손뼉을 치며" 하나님께
부정적인 말을 많이 했다고 합니다. '욥이 하나님을 거역하
는 말을 많이 했다'는 여태까지 엘리후가 욥을 지적했기 때
문에 이해됩니다. 그런데 "우리와 어울려 손뼉을 치며"는 무
슨 의미일까요?

욥기 34:34~37은 엘리후가 다른 지혜자들에게 한 말입
니다. 따라서 '우리'는 엘리후와 다른 지혜자들을 가리킵니
다. 그리고 "어울려"로 번역된 '바인'(יב)은 '우리 가운데서'
또는 '우리 사이에서'라는 뜻입니다. 〈개역개정〉의 "우리와
어울려"는 친목의 의미가 담긴 의역입니다. "손뼉을 치며"
로 번역된 '사파크'(ספק)는 구약성경에서 다양한 의미로 사
용되었습니다. 용례를 살펴보면 다음과 같습니다.

① "이방인과 더불어 손을 잡아(ספק) 언약하였음이라"(사 2:6b).
② "내가 교훈을 받은 후에 내 볼기를 쳤사오니(ספק)"(렘 31:19b).

③ "그가 그 토한 것에서 뒹굴므로(סָפַק) 조롱거리가 되리로다"
(렘 48:26b).
④ "모든 지나가는 사람들이 다 너를 향하여 박수치며(סָפַק)"
(애 2:15a).

여기에서 ①번은 언약을 맺는 의기투합한 상황을 '손을 잡아'로 표현한 것입니다. ②번은 스스로 회개하는 마음으로 볼기를 '손으로 때린' 것입니다. ③번은 토사물에 '손을 접촉'했다는 의미입니다. ④번은 문맥상 빈정거리며 '손뼉을 마주치는 행위'입니다. 이상의 용례들을 살펴보면 '사파크'(סָפַק)는 단순히 박수치는 행동을 의미하지 않습니다. 손을 사용하여 무언가를 접촉하거나 타격하는 등 포괄적인 의미를 지닙니다.

따라서 욥기 34:37 전후 문맥으로 보아 사람들 가운데서 다른 이들을 때리는 행위로 이해하는 게 자연스럽습니다. 즉 욥이 진정한 지혜자들과 싸운다는 뜻입니다. 〈공동번역〉은 이러한 의미인 "우리에게 주먹을 휘두르고"라고 번역하였습니다.[24] 이처럼 "우리와 어울려 손뼉을 치며"는 욥의 주장이 엘리후를 비롯한 지혜자들과 충돌한다는 의미입니다.

---

24) 〈공동번역〉: 잘못을 저지르고도 거역하기까지 하며 우리에게 주먹을 휘두르고 하느님께 마구 입을 놀리는 사람이다.

4. 규범적 지혜의 '의'의 한계 (35장)

엘리후는 새로운 각도에서 하나님을 변호합니다. 그는 욥의 '의'가 하나님께 어떤 가치가 있는지 물어봅니다. 먼저 욥의 '의'가 하나님으로부터 온 것인지 질문합니다: "그대는 이것을 합당하게 여기느냐 그대는 그대의 의가 하나님께로부터 왔다는 말이냐"(욥 35:2). 욥은 기존 지혜자들이 정립한 도덕률을 잘 따르는 '의'로 충분하다고 생각했습니다. 그러나 엘리후는 그 '의'로는 하나님의 공의를 만족시킬 수 없다는 입장입니다. 그래서 하나님께서 인정하시는 대속물에 의한 '의'가 있다고 설명한 것입니다: "하나님이 그 사람을 불쌍히 여기사 그를 건져서 구덩이에 내려가지 않게 하라 내가 대속물을 얻었다 하시리라"(욥 33:24).

그리고 욥은 이전에 의로운 일을 한들 자신에게 무슨 이익이 있겠느냐고 한탄했습니다: "가령 내가 의로울지라도 내 입이 나를 정죄하리니 가령 내가 온전할지라도 나를 정죄하시리라"(욥 9:20). 엘리후는 그에 대해 답변합니다.

그대는 그것이 내게 무슨 소용이 있으며 범죄 하지 않는 것이 내게 무슨 유익이 있겠느냐고 묻지마는
(욥 35:3)

사람들은 악인이 흥하고 의인이 궁핍에 처한다고 세상의 부조리를 이야기합니다. 하나님께서 공의로운 분이시라면 어찌 악인들이 흥하도록 내버려 두시는지 의문을 품습니다. '하나님께서 심판하시지 않는다면 굳이 범죄 하지 않을 필요가 있을까? 불의한 방법으로 이익을 추구해도 문제 될 것이 없다. 또한 하나님께서 보상해주시지 않는다면 의롭게 사는 게 무슨 의미가 있는가? 의롭게 살기 위해 굳이 힘들게 노력할 필요 없다.' 이는 욥 뿐만 아니라 누구든지 가질 수 있는 생각입니다. 이러한 가치판단의 역량을 규범적 지혜, 성경의 표현으로 율법 아래에 있다고 합니다. 이렇게 생각하는 사람들에게 엘리후는 다음과 같이 반문합니다. '그렇다면 인간이 범죄 한들 하나님께 무슨 손해가 있으며 의로운들 무슨 이익이 있는가?'

6 그대가 범죄 한들 하나님께 무슨 영향이 있겠으며 그대의 악행이 가득한들 하나님께 무슨 상관이 있겠으며

7 그대가 의로운들 하나님께 무엇을 드리겠으며 그가 그대의 손에서 무엇을 받으시겠느냐
(욥 35:6~7)

인간이 의롭게 산다고 보상하셔야 할 만큼 하나님께 이득이 있지 않습니다. 또한 반대로 인간이 악행을 저지른다고 해서 하나님께서 그것을 반드시 저지해야 할 필요도 없습니다. 왜냐하면 하나님께서는 아무런 피해도 보지 않으시기 때문입니다. 인간의 범죄는 다른 사람에게 피해를 줍니다. 인간의 악이나 의는 인간 서로 간에 영향을 주고받을 뿐입니다.

물론 하나님께서는 공의로운 재판관으로서 정의를 구현하십니다. 그 내용은 엘리후가 이전 욥기 34장에서 설명했습니다. 여기 35장에서는 당연한 권리인 듯 인간이 하나님께 의의 보상이나 악의 처벌을 강요할 사안이 아니라는 말입니다. 그래서 엘리후는 다음과 같이 말을 이어갑니다.

그대의 악은 그대와 같은 사람에게나 있는 것이요 그대의 공의(צְדָקָה)는 어떤 인생에게도 있느니라
(욥 35:8)

위의 "공의"는 히브리어 '쩨다카'(צְדָקָה) 즉 '의'를 가리킵니다. 엘리후는 '그대의 의'라고 하여 욥이 여태껏 스스로 주장한 '의'에 대해 말합니다. 그 '의'는 욥에게만 있는 특별한 게 아닙니다.

모든 인간은 나름의 '의'를 추구합니다. 그 '의'는 하나님과 상관없습니다. 그런 의미에서 인간의 '의'가 지닌 한계를 지적한 것입니다.

📖본문설명 나는 그를 기다릴 뿐이라

하물며 말하기를 하나님은 뵈올 수 없고 일의 판단하심은 그 앞에 있으니 나는 그를 기다릴 뿐이라(חיל) 말하는 그대일까보냐
(욥 35:14)

위 구절의 중간에 "하나님은 뵈올 수 없고 일의 판단하심은 그 앞에 있으니 나는 그를 기다릴 뿐이라"는 욥의 말을 인용한 것입니다. 이는 어떤 일을 판단하는 기준이 하나님께 있으니 그의 답변을 기다릴 수밖에 없다는 의미입니다. 인간이 섣부르게 어떤 판단을 내리지 않고 하나님의 결정을 기다리겠다면 바람직한 태도가 아닐까요? 그런데 엘리후는 "하물며 말하기를 … 말하는 그대일까보냐"라며 욥의 잘못을 지적하고 있습니다. 엘리후가 욥을 긍정하는 건지 부정하는 건지 모호합니다.

이 구절도 원문을 살펴볼 필요가 있습니다. 개역개정에 "기다릴 뿐이라"로 번역된 히브리어는 '훌'(חיל)입니다. 구약성경의 다른 본문에서는 다음과 같이 번역되었습니다.

① "온 땅이여 그 앞에서 떨지어다(חיל) 세계가 굳게 서고 흔들리지 아니하는도다"(대상 16:30).
② "산 염소가 새끼 치는 때를 네가 아느냐 암사슴이 새끼 낳는(חיל) 것을 네가 본 적이 있느냐"(욥 39:1).

③ "하나님이여 물들이 주를 보았나이다 물들이 주를 보고 두려워하며 (זיל) 깊음도 진동하였고"(시 77:16).

④ "여호와 앞에 잠잠하고 참고 기다리라(זיל) 자기 길이 형통하며 악한 꾀를 이루는 자 때문에 불평하지 말지어다"(시 37:7).

⑤ "내 마음이 내 속에서 심히 아파하며(זיל) 사망의 위험이 내게 이르렀도다"(시 55:4).

⑥ "그 소식이 애굽에 이르면 그들이 두로의 소식으로 말미암아 고통받으리로다(זיל)"(사 23:5).

이처럼 히브리어 '훌'(זיל)은 상당히 다양한 뜻으로 번역되었습니다. 한 단어가 이렇게 많은 뜻을 지니고 있다니 이상합니다. 일반적으로 고대어는 현대어에 비해 어휘가 적습니다. 언어는 시간이 흐름에 따라 단어가 소멸하거나 생성됩니다. 사회와 문화가 고도화될수록 새로운 사건, 물체, 개념이 증가하여 어휘가 늘어납니다. 그렇기에 현대에는 세분된 개념이 시간을 거슬러 올라가면 과거에는 통합적으로 받아들여졌을 수 있습니다.

'훌'(זיל)이 가진 핵심 의미는 무엇일까요? 위에서 정리한 다양한 용례를 종합해 유추할 수 있습니다. ①'떨다', ②'출산하다', ③'두렵다', ④'참고 기다리다', ⑤'아프다', ⑥'고통받다' 이 단어들의 공통분모는 '두렵고 고통스러운 인내' 정도로 볼 수 있을 듯합니다. 그런데 개역개정에서는 이중 하나인 ④번 '참고 기다리다'를 적용하여 단순히 기다림이라는 의미만 남았습니다. 그래서 괴로움이나 고통스러운 의미가 잘 드러나지 않았습니다. '훌'(הַת)을 고통 가운데 '괴로워하다'라는 의미로 직역해보았습니다.

그런데 더욱이 당신은 그를 볼 수 없다고 말하면서 그의 앞에서 판단하고 그를 향하여 당신은 괴로워하고 있다(הַת)
(욥 35:14, 사역)

이 구절은 엘리후가 재앙 가운데 하나님을 만날 수 없다고 불평하며 하나님을 판단하는 욥을 묘사한 것입니다.

5. 인과응보를 넘어선 다스림 (36~37장)

(1) 의인도 고난받는 이유

내가 먼 데서 지식을 얻고 나를 지으신 이에게 의를 돌려보내리라
(욥 36:3)

엘리후는 자신이 먼 곳에서 지식을 얻었다고 합니다. 그리고 이제는 '의'를 하나님께로 돌려드리겠다고 합니다. '먼 곳'은 어디이고 그가 얻은 '지식'은 무엇일까요? 엘리후가 얻은 지식은 자신이 여태껏 제시한 내용입니다. 인간이 구현한 '의'로는 하나님의 공의를 감당할 수 없고 대속물에 의한 '의'가 필요하다는 지식입니다. 인간의 통찰력으로는 스스로 그 지식을 얻을 수 없기에 '먼 곳'이라고 하였습니다. '하나님께 의를 돌려보낸다'는 말은 하나님께 받은 지식으로 그의 '의'로우심을 변증하겠다는 의미입니다. 반성적 지혜와 그에 따른 '의'는 하나님으로부터 인간에게 주어집니다. 그렇기에 그 '의'의 공로를 하나님께 돌리려는 것입니다.

욥은 이전에 하나님께서 사람에게 별로 관심이 없어 의인이나 죄인이나 동일하게 대하신다고 주장했습니다: "일이 다 같은 것이라 그러므로 나는 말하기를 하나님이 온전한 자나 악한 자나 멸망시키신다 하나니"(욥 9:22). 엘리후는 그 말에 반박합니다. 하나님께서는 악인을 심판하고 의인을 높여주십니다.

6 악인을 살려두지 아니하시며 고난 받는 자에게 공의를 베푸시며
7 그의 눈을 의인에게서 떼지 아니하시고 그를 왕들과 함께 왕좌에 앉히사 영원토록 존귀하게 하시며
(욥 36:6~7)

하나님께서는 악인을 심판하십니다. 그로 인해 악인에게 고통받던 사람들이 공의의 혜택을 받습니다. 반면 하나님께서는 의인을 일일이 살피셔서 존귀한 왕의 자리까지 높여주십니다. 그런데 여기에서 엘리후가 흥미로운 이야기를 합니다. 왕의 자리까지 높임을 받은 의인이 겪는 환난 이야기입니다.

8 혹시 그들이 족쇄에 매이거나 환난의 줄에 얽혔으면

9 그들의 소행과 악행과 자신들의 교만한 행위를 알게 하시고

10 그들의 귀를 열어 교훈을 듣게 하시며 명하여 죄악에서 돌이키게 하시나니

(욥 36:8~10)

　"그들"은 7절에서 왕들과 함께한 의인입니다. 그런데 그 의인이 만약 환난을 겪는다면, 이는 그의 교만이나 악한 행실을 깨달아 돌이키도록 훈계하시는 것이라고 합니다. 의인에게 교만이나 악한 행실이 있다니 선뜻 이해되지 않습니다. 이 말이 이해되지 않는 것은 규범적 지혜로만 '의'를 이해하기 때문입니다. 그래서 의인이라면 도덕적 완전성을 가지고 있다고 전제합니다. 그래서 의인에게 교만과 악한 행실이 있다는 말이 모순처럼 들리는 것입니다.

　그러나 반성적 지혜로는 위 구절을 이해할 수 있습니다. 엘리후가 대속물에 의한 '의'를 설명했습니다. 그 '의'를 소유한 사람은 의인으로 불리며 하나님께서 왕의 자리로까지 높여주십니다. 그러나 그 '의'가 도덕적 완전성을 담보하진 않습니다. 그렇기에 의인일지라도 도덕적으로 불완전할 수 있습니다. 그 경우 하나님께서 훈육의 수단으로 환난을 이용하기도 하십니다. 이는 고난 가운데 뉘우치고 돌이키시려는 목적입니다. 이어지는 엘리후의 설명을 들어보겠습니다.

11 만일 그들이 순종하여 섬기면 형통한 날을 보내며 즐거운 해를 지낼 것이요

12 만일 그들이 순종하지 아니하면 칼에 망하며 지식 없이 죽을 것이니라
(욥 36:11~12)

일반적으로 사람들은 순종과 불순종을 계명의 실천 여부로 이해합니다. 그러나 엘리후가 여기에서 설명하는 내용은 조금 다릅니다. 하나님께서는 필요에 따라 인간을 훈계하십니다. 그 훈계는 각자 인생에 다양하게 이루어집니다. 그런데 훈계받을 때 하나님의 뜻을 구하는 사람이 있고 그렇지 않은 사람이 있습니다. 환난 가운데 있는 의인에게 필요한 것은 하나님의 훈계를 받아들이고 그 뜻에 따르는 순종입니다. 만약 하나님의 훈계에도 불구하고 강퍅한 마음으로 버티면 결국은 지식 없는 자처럼 멸망할 것입니다. 여기에서 "지식"은 넓은 의미에서 반성적 지혜를 가리킵니다. 좁은 의미로는 앞에서 설명했던 인간에게 대속물의 '의'가 필요하다는 지식으로 생각할 수 있습니다. 엘리후는 이어지는 설명에서 순종하는 자를 "곤고한 자"라고 표현합니다.

하나님은 곤고한 자를 그 곤고에서 구원하시며 학대당할 즈음에 그의 귀를 여시나니
(욥 36:15)

"곤고한 자"는 산상수훈에서 예수님께서 말씀하신 심령이 가난한 자와 같은 상태입니다: "심령이 가난한 자는 복이 있나니 천국이 그들의 것임이요"(마 5:3). 하나님께서는 고난

중에 있는 자를 구원하십니다. 그의 귀를 열어 깨우치신 후에 근본적인 변화로 이끄십니다.

하나님은 곤고한 자(עָנִי)를 그 곤고에서 구원하시며 학대당할 즈음에 그의 귀를 여시나니

(욥 36:15)

"곤고한 자"로 번역된 히브리어는 '*아니*'(עָנִי)입니다. 이 단어의 기본형은 '*아나*'(עָנָה)입니다. 하나님께서 이스라엘 민족을 광야에서 낮추신 상황을 설명할 때 이 단어를 사용했는데, 동사형은 '낮추다'[25]로 명사형은 '고난'[26]으로 번역되었습니다. 그리고 다윗은 시편 37:11에서 같은 어원인 형용사 '*아나우*'(עָנָו) 사용했습니다. 이를 개역개정 성경에는 '온유한 자'로 번역했습니다: "그러나 온유한 자(עָנָו)들은 땅을 차지하며 풍성한 화평으로 즐거워하리로다"(시 37:11). 산상수훈의 팔복으로 유명한 땅을 기업으로 받는 온유한 자는 이 시편을 인용한 내용입니다: "온유한 자는 복이 있나니 그들이 땅을 기업으로 받을 것임이요"(마 5:5).

오늘날 '온유한 자'를 부드러운 성품을 지닌 사람으로 생각하는 것과는 달리 성경에서 '온유한 자'는 고난으로 마음이 낮아진 사람을 가리킵니다. 따라서 엘리후가 말한 "곤고한 자"는 예수님께서 산상수훈에서 말씀하신 온유한 자와 같습니다.

---

25) "네 하나님 여호와께서 이 사십 년 동안에 네게 광야 길을 걷게 하신 것을 기억하라 이는 너를 낮추시며(עָנָה) 너를 시험하사 네 마음이 어떠한지 그 명령을 지키는지 지키지 않는지 알려 하심이라"(신 8:2).

26) "유교병을 그것과 함께 먹지 말고 이레 동안은 무교병 곧 고난(עָנִי)의 떡을 그것과 함께 먹으라"(신 16:3a).

(2) 고난에서의 두 가지 길

하나님의 훈계인 고난 가운데 인간은 두 가지 반응을 보입니다. 하나님의 훈계를 겸허히 받아들이는 것과 인정하지 않고 버티는 것입니다. 엘리후는 욥에게 둘 중 어느 위치에 있는지 자신을 돌아보라고 합니다.

삼가 악으로 치우치지 말라 그대가 환난보다 이것을 택하였느니라 (욥 36:21)

여기에서 "이것"은 앞에 있는 "악"을 가리킵니다. "환난보다 이것을 택하였느니라"는 욥이 환난과 악 중에서 악을 선택했다는 말입니다. 선과 악 혹은 순종과 불순종이 아니라, 환난과 악 중에서 선택했다니 무슨 의미인지 쉽게 이해되지 않습니다. 그리고 욥은 현재 환난 가운데 있습니다. 따라서 환난을 피해 악을 선택했다고 볼 수도 없습니다. 위 구절은 무슨 의미일까요? "환난보다"에서 '~보다'로 번역된 히브리어 전치사는 '민'(מִן)입니다. '민'(מִן)의 기본적인 뜻은 '~로부터' 또는 '~에서'입니다. 따라서 위 구절의 "환난보다"는 '환난으로부터' 또는 '환난에서'가 더 적절합니다. 이에 따라 번역하면 다음과 같습니다.

삼가 악으로 치우치지 말라 그대가 환난에서 이것(악)을 택하였느니라
(욥 36:21, 사역)

이 구절은 욥이 현재 처한 환난에서 하나님의 훈계를 받아들이지 않고 있다는 말입니다. 하나님의 주권 아래에서 고난은 어떤 목적을 가지고 우리에게 주어집니다. 그 고난 가운데 하나님의 뜻에 귀 기울이는 순종과 자신의 옳음을 주장하는 불순종이 있습니다.

(3) 반성적 지혜의 보응 신학

욥과 세 친구의 보응 신학과 엘리후의 보응 신학은 차이가 있습니다. 욥과 세 친구는 하나님께서 보응의 원리에 따라 일하셔야 한다고 주장했습니다. 따라서 그들에게 보응은 결과입니다. 반면 엘리후는 보응은 결과가 아니라 목적을 위한 방편이라고 설명합니다. 엘리후의 보응 신학을 알 수 있는 구절을 살펴보겠습니다.

12 그는 감싸고 도시며 그들의 할 일을 조종하시느니라 그는 땅과 육지 표면에 있는 모든 자들에게 명령하시느니라
13 혹은 징계를 위하여 혹은 땅을 위하여 혹은 긍휼을 위하여 그가 이런 일을 생기게 하시느니라
(욥 37:12~13)

엘리후는 하나님의 섭리에 세 가지 목적이 있다고 합니다. 만약 비가 내리지 않아 기근이 닥쳤다면, 욥과 세 친구는 사람들이 어떤 잘못을 했기 때문에 하나님께서 벌을 주셨다고 생각할 것입니다. 그러나 엘리후는 기근을 심판의 결과로만 볼 수 없다고 주장합니다. 하나님께서 그렇게 하신 이유는 어떤 목적을 위한 수단입니다. 인간의 잘못을 깨우치기 위한 훈계일 수 있습니다. 이를 13절에서 "징계를 위하여"라고 했습니다.

한편 세상의 안녕과 조화를 위해 가뭄을 주셨을 수도 있습니다. 가뭄은 생산물이 줄어들어 인간에게는 좋지 않은 상황입니다. 그러나 하나님의 관점에서는 거듭된 작황에 지친 땅을 쉬게 하시는 방편일 수 있습니다. 인간이 헤아릴 수 없는 질병이나 해충을 막는 처방입니다. 세상에는 인간이 알 수 없는 게 너무도 많습니다. 이처럼 보응의 원리라는 측면뿐 아니라 세상의 질서를 위한 섭리를 "땅을 위하여"라고 한 것입니다.

또 다른 측면으로 보면, 하나님께서 인과에 따라서만이 아니라 다양한 목적과 동기로 섭리하십니다. 세상을 불쌍히 여기셔서 우리가 미처 가늠하지도 못하는 은혜를 베푸십니다. 이를 "긍휼을 위하여"라고 했습니다. 이처럼 하나님의 섭리는 인간이 섣부르게 단정 지을 수 없이 심오합니다. 따라서 인간이 파악한 규범적 지혜의 파편들로 하나님을 온전히 헤아릴 수 없습니다.

뇌물을 받지 말라

　엘리후는 고난에 관해 설명하다가 욥에게 분노를 조절하고 뇌물을 많이 받지 말라고 경고합니다.

그대는 분노하지 않도록 조심하며 많은 뇌물(כפר)이 그대를 그릇된 길로 가게 할까 조심하라

(욥 36:18)

　"뇌물"로 번역된 '코페르'(כפר)는 일반적으로 '속전'을 가리킵니다.[27] 엘리후의 예화에서 '대속물'로 번역되기도 하였습니다.[28] 그런데 여기에서는 엘리후가 욥을 비판하는 문맥이기에 "뇌물"로 번역한 것으로 보입니다. 그러나 뜬금없이 욥이 뇌물을 받았다니 너무 생뚱맞습니다. 본문 어디에도 욥이 뇌물을 받았다고 추정할만한 내용은 없습니다.

　이 구절에서 '코페르'(כפר)는 욥이 자녀들을 위해 번제를 드린 것 같은 스스로 치르는 속전으로 번역하는 것이 옳습니다. 따라서 본문은 엘리후가 제사를 많이 드린 것으로 하나님께서 만족하실 만큼 대가를 치렀다고 착각하지 말라고 충고한 것입니다.

---

27) "고의로 살인죄를 범한 살인자는 생명의 속전(כפר)을 받지 말고 반드시 죽일 것이며"(민 35:31).

28) "하나님이 그 사람을 불쌍히 여기사 그를 건져서 구덩이에 내려가지 않게 하라 내가 대속물(כפר)을 얻었다 하시리라"(욥 33:24).

(4) 엘리후의 주장 전체 요약

엘리후는 우리를 규범적 지혜에서 반성적 지혜로 이끌려고 합니다. 이해를 돕기 위해 그의 주장 전체를 요약해보겠습니다. 엘리후는 욥이 하나님보다 자신이 의롭다고 한 점에 문제를 제기합니다. 인간에게는 나름의 '의'가 있지만 한계가 있습니다. 인간에게는 대속물에 의한 하나님의 '의'가 필요한데 그 사실을 쉽사리 깨닫지 못합니다. 그래서 하나님께서는 고난을 도구로 사용하십니다. 엘리후는 인간의 고난을 보응의 결과라고 생각했던 기존의 패러다임을 확장합니다. 고난은 악인과 의인 모두에게 발생할 수 있습니다. 그러나 그 고난을 통해 악인들은 멸망할 것이고, 의인들은 하나님의 구원을 맛보게 될 것입니다. 하나님께서는 어떤 이는 징계하기 위하여, 어떤 이는 긍휼을 베풀기 위하여 고난조차 수단으로 삼아 다스리십니다. 이는 인간을 참된 신앙으로 이끄시고 교만한 자들을 심판하시는 하나님의 경륜입니다.

 본문설명 모든 사람의 손에 표를 주시어

엘리후는 하나님의 섭리를 이야기하던 중 선뜻 이해되지 않는 독특한 말을 합니다. 하나님께서 인류의 손에 어떤 표식을 주셨다고 합니다. 하나님께서 인간의 손에 주신 표는 무엇일까요?

그가 모든 사람의 손에 표를 주시어(ロコ∩) 모든 사람이 그가 지으신 것
을 알게 하려 하심이라
(욥 37:7)

여기에서 "표를 주시어"는 히브리어 '하탐'(ロコ∩)을 번
역한 것인데 '하탐'(ロコ∩)은 일반적으로 '봉인하다'[29] 또는
'가두다'[30] 는 뜻입니다. 봉인하여 찍은 직인이라는 의미로
"표"라고 번역한 것으로 보입니다. 욥기 37:7의 다른 번역
본들을 확인해보겠습니다.

〈개역한글〉: 그가 각 사람의 손을 봉하시나니 이는 그 지으신 모든 사
람으로 그것을 알게 하려 하심이니라
〈공동번역〉: 사람 손을 모조리 묶으시고 당신께서 하시는 일을 알아보
게 하실 때

.이처럼 하나님께서 사람들의 손에 특별한 표식을 주신
게 아닙니다. 사람들의 손을 봉인하신 것입니다. 따라서 '손
을 묶으시다'가 적절한 번역입니다. 이는 하나님께서 인간
의 능력에 한계를 두셨다는 의미입니다. 그 이유는 세상의
주권이 하나님께 있음을 분명히 하시기 위해서입니다.

---

29) "주는 내 허물을 주머니에 봉하시고(ロコ∩) 내 죄악을 싸매시나이다"(욥 14:17).
30) "그가 해를 명령하여 뜨지 못하게 하시며 별들을 가두시도다(ロコ∩)"(욥 9:7).

" 깊이 있는 묵상을 위한 질문 "

1. 욥기 32~37장에 관하여

(1) 엘리후는 왜 처음부터 등장하지 않았나요?

(2) 엘리후의 주장을 단락으로 나누어보세요.

(3) 다른 사람의 주장과 엘리후 주장의 공통점과 차이점은 무엇인가요?

2. 신학적 고찰

(1) 욥기 전체 구조에서 엘리후의 등장은 어떤 의미를 지닐까요?

(2) 욥기 전체 논지에서 엘리후의 주장은 무슨 역할인가요?

네가 내 공의를 부인하려느냐
네 의를 세우려고 나를 악하다 하겠느냐
(욥 40:8)

제4장 지존자의 경륜

1. 하나님의 높으심

욥과 친구들의 논쟁 끝에 드디어 하나님께서 출현하셨습니다. 우리는 하나님께서 욥의 고난에 대한 진실을 밝혀 주시리라 기대합니다. 왜 욥이 고난을 받아야 했는지? 욥과 친구들 중 누구의 말이 옳은지? 하지만 하나님께서는 욥의 고난이나 그들의 논쟁과는 별로 상관없는 이야기만 하십니다. 그래서 욥기의 주제가 무엇인지 더 혼란스럽습니다. 하나님의 말씀을 정리해보고 그 의미를 살펴보겠습니다.

(1) 욥기의 두 번째 키워드 : '에차'(עצה)

하나님께서 하신 첫 마디는 다음과 같습니다.

2 무지한 말로 생각(עצה)을 어둡게 하는 자가 누구냐

3 너는 대장부처럼 허리를 묶고 내가 네게 묻는 것을 대답할지니라 (욥 38:2~3)

하나님께서는 욥을 "무지한 말로 생각을 어둡게 하는 자"라고 부르셨습니다. 여기에서 "생각"으로 번역된 히브리어는 '에차'(עֵצָה)입니다. '에차'(עֵצָה)는 다른 본문에서 '계획'[31] 이나 '이치'[32]로 번역되었습니다. 이후 하나님께서 자신이 하셨거나 하고 계신 일들을 말씀하시기 때문에, 여기에서는 하나님의 '경륜'이 가장 적절해 보입니다. 경륜은 어떤 목적을 이루어가는 계획과 다스림을 의미합니다. 하나님께서는 욥이 하나님의 경륜을 모른다고 하셨습니다.

"대장부처럼 허리를 묶고"는 전투에 나가기에 앞서 움직임이 자연스럽도록 준비하라는 의미입니다. 하나님께서 욥에게 전투준비태세를 갖추라고 하셨습니다. 이제 하나님께서는 욥이 모르는 자신의 경륜을 말씀하실 것입니다.

그 내용은 크게 38~39장과 40~41장 두 부분으로 이루어져 있습니다. 먼저 전반부인 38~39장을 살펴보겠습니다. 이 부분은 욥과 비교할 수 없는 하나님의 위대함에 관한 내용입니다. 하나님께서 자신의 위대함을 두 가지 형태로 말씀하셨습니다. 그중 첫 번째는 하나님께서 창조주시라는 점입니다.

---

31) "악인의 계획(עֵצָה)은 나에게서 멀구나"(욥 21:16b).
32) "무지한 말로 이치(עֵצָה)를 가리는 자가 누구니이까"(욥 42:3a).

(2) 나는 창조자

하나님께서 자신이 창조주라고 하신 부분은 욥기 38:4~21입니다. 여기에서 땅과 바다와 별들의 시작인 우주의 창조에 대해 말씀하십니다. 창조주로서 위엄을 표현한 내용 중 한 구절만 대표로 확인해보겠습니다.

내가 땅의 기초를 놓을 때에 네가 어디 있었느냐 네가 깨달아 알았거든
말할지어다
(욥 38:4)

하나님께서는 창조 질서에 관해 물으신 후 욥에게 자신과 격이 다름을 알라고 말씀하십니다.

네가 아마도 알리라 네가 그 때에 태어났으리니 너의 햇수가 많음이니라
(욥 38:21)

하나님께서 욥에게 나이가 많으니 우주의 창조 질서에 대해 알지 않느냐고 물으셨습니다. 하지만 욥은 아무 말도 할 수 없었습니다. 욥 뿐만 아니라 어떤 사람도 이 질문에 대답할 수 없습니다. 하나님께서 창조에 대해 질문하신 이유는 무엇일까요? 이 질문의 목적은 하나님께서 누구시고 반면 욥이 누구인지 현실을 직시하도록 하시기 위해서입니다. 욥은 자신에게 닥친 재앙이 하나님의 실수라고 세상을 잘못 다스리신다고 하였습니다. 이에 대해 하나님께서는 우주의 창조라는 근원적인 질문을 하시며 욥이 알 수 없는 경지가 있음을 일깨우신 것입니다.

(3) 나는 섭리자

하나님께서는 창조에 대해 언급하신 후 자신이 세상을 다스리신다고 말씀하십니다. 눈, 우박, 홍수, 우레, 번개, 비, 얼음 등 기상현상이 모두 하나님의 뜻에 따라 이루어집니다. 인간이 누구의 간섭도 받지 않는다고 하여 자연이라고 부르는 존재와 현상들이 모두 하나님의 통치안에 있습니다.

26 누가 사람 없는 땅에, 사람 없는 광야에 비를 내리며
27 황무하고 황폐한 토지를 흡족하게 하여 연한 풀이 돋아나게 하였느냐
(욥 38:26~27)

하나님께서는 지구의 날씨뿐만 아니라 우주의 천체도 운행하십니다. 천체의 운행이라니 감히 인간이 범접할 수 없는 압도적인 능력을 떠올리도록 하십니다.

32 너는 별자리들을 각각 제 때에 이끌어 낼 수 있으며 북두성을 다른 별들에게로 이끌어 갈 수 있겠느냐
33 네가 하늘의 궤도를 아느냐 하늘로 하여금 그 법칙을 땅에 베풀게 하겠느냐
(욥 38:32~33)

우주에 있는 별들을 통제하시는 능력은 너무 엄청나서 어떤 사람에게는 감이 안 올 수도 있습니다. 그래서 하나님께서는 인간이 주변에서 겪는 짐승들을 예로 드십니다. 사자, 까마귀, 산 염소, 암사슴, 들나귀, 들소, 타조, 말, 매, 독수리 등 욥이 헤아릴 수 없는 야생동물에 관해 물어보십니다. 그 중 한 구절만 살펴보겠습니다.

26 매가 떠올라서 날개를 펼쳐 남쪽으로 향하는 것이 어찌 네 지혜로 말미암음이냐
27 독수리가 공중에 떠서 높은 곳에 보금자리를 만드는 것이 어찌 네 명령을 따름이냐
(욥 39:26~27)

하나님께서는 욥에게 자신의 경륜을 알지 못한다고 하셨습니다. 그리고는 인간이 답할 수 없는 질문을 하셨습니다. 기상현상, 천체의 운행, 짐승의 본능이나 습성 등은 욥이 다스리기는커녕 이해할 수도 없었습니다. 이러한 질문에 의해 하나님의 다스림에 문제를 제기했던 욥은 자신의 무지에 직면했습니다.

(4) 드릴 말씀이 없습니다

하나님께서는 창조와 섭리에 관한 질문으로 자신이 세상의 주권자임을 일깨워주셨습니다. 그리고 욥에게 대답을 요구하십니다.

트집 잡는 자가 전능자와 다투겠느냐 하나님을 탓하는 자는 대답할지니라
(욥 40:2)

하나님의 주장 앞에 욥은 아무런 말도 할 수 없었습니다. 그의 압도적인 위엄 앞에 고개조차 들 수 없었습니다. 그래서 다음과 같이 대답합니다.

4 보소서 나는 비천하오니 무엇이라 주께 대답하리이까 손으로 내 입을 가릴 뿐이로소이다
5 내가 한 번 말하였사온즉 다시는 더 대답하지 아니하겠나이다
(욥 40:4~5)

욥은 하나님의 말씀을 듣고 하나님과 자신의 격이 다름을 인정했습니다. 그래서 "나는 비천하오니"라며 자신을 낮췄습니다. 이전에 하나님과 따져보고 싶다고 한 말들이 부끄러웠습니다. "내가 한 번 말하였사온즉"에서 욥이 한 번 한 말은 자신이 지금 하는 대답입니다. 그는 입이 열 개라도 할 말이 없지만, 하나님께서 대답하라고 하셨기 어쩔 수 없이 대답한 것입니다.

2. 욥의 비천함

(1) 스스로 구원하라

욥이 자기 '의'를 주장하기 위해 하나님께서 의롭지 않다고 했기 때문에 하나님께서는 반대로 욥의 '의'를 지적하십니다.

네가 내 공의를 부인하려느냐 네 의를 세우려고 나를 악하다 하겠느냐 (욥 40:8)

욥에게 네가 의롭다면 공의를 실현해보라고 말씀하십니다.

11 너의 넘치는 노를 비우고(ץוף) 교만한 자를 발견하여 모두 낮추되
12 모든 교만한 자를 발견하여 낮아지게 하며 악인을 그들의 처소에서 짓밟을 지니라 (욥 40:11~12)

"비우고"로 번역된 히브리어 '푸츠'(פוץ)는 일반적으로 '흩어지다'라는 뜻입니다.[33] 개역개정은 "비우고"로 번역하여 욥에게 분노를 풀라는 의미처럼 보입니다. 그러나 본문의 의미는 욥이 분노를 흩어 보내서 교만한 자를 찾아보라는 말입니다. 개정되기 이전 개역한글 번역이 본문의 의미를 더 잘 드러냈습니다.[34] 하나님께서 욥에게 불의에 대한 의분이 있다면 그 열정으로 악인을 찾아 정의를 실현해보라고 하신 것입니다. 그러나 욥에게는 자신의 정의를 실현할 능력이 없었습니다. 악인을 찾아 심판할 능력도 없는 주제에 하나님보다 자신이 더 의롭다고 주장할 수는 없습니다. 하나님께서는 욥이 가진 '의'의 한계를 직면하도록 하셨습니다. 그리고 그 '의'로는 너 자신조차 구원할 수 없다고 다음과 같이 말씀하셨습니다.

그리하면 네 오른손이 너를 구원할 수 있다고 내가 인정하리라
(욥 40:14)

하나님께서는 욥이 공의를 온전히 실현한다면, 본인의 '의'로 구원에 이를 수 있음을 인정하시겠다고 하셨습니다. 이 말씀으로 욥은 자신의 '의'가 하나님의 공의에 턱없이 부족함을 깨닫습니다. 스스로 구원할만한 '의'는 없었습니다.

---

33) "광명이 어느 길로 뻗치며 동풍이 어느 길로 땅에 흩어지느냐(פוץ)"(욥 38:24).
"그의 화살을 날려 그들을 흩으심이여(פוץ) 많은 번개로 그들을 깨뜨리셨도다"(시 18:14).
34) 〈개역한글〉: 너의 넘치는 노를 쏟아서(פוץ) 교만한 자를 발견하여 낱낱이 낮추되

우리가 지금 살펴본 욥기 40:8~14이 하나님 말씀의 핵심입니다. 인간은 스스로 '의'를 실현할 능력을 상실했습니다. 그 '의'로는 진리인 하나님의 공의를 이룰 수 없습니다. 결국 인간은 스스로 구원을 성취할 수 없습니다. 하나님께서는 이 진리를 가르쳐주신 것입니다. 창조주로서 주권을 가지신 하나님. 전능한 능력으로 섭리하시는 하나님. 그에 비해 자신의 의로는 자기조차 구원할 수 없는 욥. 하나님께서 여기까지 말씀하셨습니다.

(2) 베헤못과 리워야단

하나님께서는 느닷없이 두 종류의 동물을 언급하십니다. 첫 번째 동물은 베헤못입니다. 이는 원문의 '*베헤모트*'(בהמות)를 소리 나는 대로 표기한 것입니다: "이제 소 같이 풀을 먹는 베헤못(בהמות)을 볼지어다 내가 너를 지은 것 같이 그것도 지었느니라"(욥 40:15). 두 번째 동물 리워야단도 히브리어 '*리브야탄*'(לויתן)을 소리 나는 대로 표기한 것입니다: "네가 낚시로 리워야단(לויתן)을 끌어낼 수 있겠느냐 노끈으로 그 혀를 맬 수 있겠느냐"(욥 41:1). 하나님께서 베헤못과 리워야단에 대해 말씀하신 이유는 무엇일까요? 이는 욥을 겸손하게 하시려는 목적입니다. 하나님께서는 공의를 실현할 수 없는 욥의 무능함을 말씀하신 후 그 근거로 욥을 강력한 동물들과 비교하셨습니다. 힘의 크기를 비교하는 논리를 펴신 것입니다.

욥 ⟨ 베헤못과 리워야단 ⟨ 하나님

그렇게 볼 수 있는 근거는 두 동물을 소개하시는 하나님의
말씀 가운데 드러납니다.

볼지어다 내가 너를 지은 것 같이 그것(베헤못)도 지었느니라
(욥 40:15b)

하나님께서는 욥과 베헤못이 모두 자기의 피조물이라고
위치를 분명히 하셨습니다. 하나님과 욥의 격을 일깨우신 것
입니다. 게다가 같은 피조물 중에서도 욥은 베헤못에게 상대
가 되지 않습니다.

그것(베헤못)은 하나님이 만드신 것 중에 으뜸이라 그것을 지으신 이가
자기의 칼을 가져오기를 바라노라
(욥 40:19)

베헤못은 피조물 중에 가장 강한 존재 혹은 가장 큰 존재
입니다. "그것을 지으신 이가 자기의 칼을 가져오기를 바라
노라"는 '그것을 만든 자만이 그의 칼을 가지고 다가갈 수 있
다'는 의미입니다. 즉 어떤 용사도 무력으로 베헤못에게 대
항할 수 없고 하나님만이 제압할 수 있다는 뜻입니다. 욥은

당연히 상대도 되지 않습니다. 리워야단은 또 어떨까요?

1 네가 낚시로 리워야단을 끌어낼 수 있겠느냐 노끈으로 그 혀를 맬 수 있겠느냐
2 너는 밧줄로 그 코를 꿸 수 있겠느냐 갈고리로 그 아가미를 꿸 수 있겠느냐
(욥 41:1~2)

하나님께서는 욥에게 리워야단을 잡아보라고 도발하셨습니다. 그러나 리워야단은 베헤못보다 더 위험한 동물입니다. 베헤못은 초식동물이지만 리워야단은 그렇지 않아 보입니다.

아무도 그것(리워야단)을 격동시킬 만큼 담대하지 못하거든 누가 내게 감히 대항할 수 있겠느냐
(욥 41:10)

리워야단은 그 누구도 감히 도발할 수 없을 만큼 위험한 동물입니다. 이러한 리워야단에게 덤비지도 못하면서 하나님께 도전한다는 것은 어불성설입니다. 하나님께서 욥에게 '네가 리워야단에게도 까불지 못하면서 감히 내게 불의하다고 맞서느냐?'라는 의미로 하신 말씀입니다.

하나님께서는 많은 피조물 중 굳이 베헤못과 리워야단을 소개하셨습니다. 두 동물의 공통점은 인간이 어찌할 수 없는 강력한 존재라는 점입니다. 욥이 그들에게 도전하기는커녕 감히 범접하기에도 두려운 존재들입니다. 그런데 한걸음 물러서서 생각해보니, '하나님께서는 두 동물과 비교할 수 없이 강하시지 않은가?' 욥은 순간 움찔했습니다. 자신이 하나님께 대항하며 내뱉은 말들이 얼마나 무모한지 깨달았습니다.

원어설명 리워야단의 아가미(לְחִי)

1 네가 낚시로 리워야단을 끌어낼 수 있겠느냐 노끈으로 그 혀를 맬 수
있겠느냐
2 너는 밧줄로 그 코를 꿸 수 있겠느냐 갈고리로 그 아가미(לְחִי)를 꿸
수 있겠느냐
(욥 41:1~2)

"아가미"로 번역된 히브리어는 *레히*(לְחִי)입니다. 이 단
어는 구약성경의 다른 부분에서는 '턱뼈'[35] 와 '뺨'[36]으로
번역되었습니다. 이처럼 리워야단이 어류라면 *레히*(לְחִי)
를 아가미로 볼 수 있지만, 어류가 아니라면 턱일 것입니다.

"낚시"나 "아가미"라는 표현은 리워야단을 어류로 생각
하게 만듭니다. 그러나 이후 리워야단에 대한 묘사로 보아
주 서식지가 강이나 바다로 보이지만 100% 수중생물은 아
닙니다. 리워야단은 다리가 없이 배로 기어 다녔거나 다리
로 걸었더라도 배가 바닥에 쓸렸습니다: "그것의 아래쪽에
는 날카로운 토기 조각 같은 것이 달려 있고 그것이 지나
갈 때는 진흙 바닥에 도리깨로 친 자국을 남기는구나"(욥
41:30). 오늘날 뱀, 악어, 도마뱀과 유사한 모습이었을 것
입니다. 따라서 여기에서 *레히*(לְחִי)는 아가미보다 '입'이
나 '턱'이 더 적절합니다.

---

35) "삼손이 나귀의 새 턱뼈(לְחִי)를 보고 손을 내밀어 집어들고 그것으로 천 명을 죽이고"
(삿 15:15).
36) "무리들은 나를 향하여 입을 크게 벌리며 나를 모욕하여 뺨(לְחִי)을 치며"(욥 16:10a).

(3) 회심

욥은 자신이 하나님의 경륜을 다 안다고 생각했습니다. 그러나 강력한 두 동물과 비교되자 자신이 얼마나 비천한 존재인지 직시했습니다. 자신이 하나님께 교만했음을 깨달았습니다. 그리고 하나님께서 처음에 하신 "무지한 말로 생각(עֵצָה)을 어둡게 하는 자가 누구냐"는 물음에 대답합니다.

2 주께서는 못 하실 일이 없사오며 무슨 계획이든지 못 이루실 것이 없는 줄 아오니
3 무지한 말로 이치(עֵצָה)를 가리는 자가 누구니이까 나는 깨닫지도 못한 일을 말하였고 스스로 알 수도 없고 헤아리기도 어려운 일을 말하였나이다
(욥 42:2~3)

2절 "주께서는 못 하실 일이 없사오며"와 "무슨 계획이든지 못 이루실 것이 없는 줄 아오니"는 평행법으로 같은 의미입니다. 욥이 창조주의 주권과 섭리하시는 능력을 인정한 것입니다. 그리고 자신이 깨닫지도 못한 일과 이해할 수 없는 일에 대해 말했다고 어리석음을 시인했습니다.

3절의 "깨닫지도 못한 일"은 욥 자신의 '의'로는 하나님의 공의를 실현할 수 없기에 대속이 필요하다는 사실입니다. 그리고 "스스로 알 수도 없고 헤아리기도 어려운 일"은 하나님의 경륜입니다. 하나님께서는 자기 '의'를 자긍했던 욥의 교만을 드러내기 위해 그에게 고난을 허락하셨습니다. 이는 욥과 친구들이 진리라고 생각했던 보응의 원리를 넘어서는 하나님의 다스림입니다. 욥으로서는 "스스로 알 수도 없고 헤아리기도 어려운 일"이었습니다. 욥은 이제 자신의 무지와 교만을 인정하고 하나님께 지혜를 구합니다.

4 내가 말하겠사오니 주는 들으시고 내가 주께 묻겠사오니 주여 내게 알게 하옵소서
5 내가 주께 대하여 귀로 듣기만 하였사오나 이제는 눈으로 주를 뵈옵나이다
6 그러므로 내가 스스로 거두어들이고 티끌과 재 가운데에서 회개하나이다
(욥 42:4~6)

욥은 이전에는 하나님께서 어떤 분이신지 정확히 알지 못했다고 고백합니다. 그러나 이제는 분명히 알게 되었습니다. 하나님을 전해 들은 지식으로만 알고 있다가 인격적으로 교제하는 관계가 되었습니다. 6절의 "내가 스스로 거두어들이고"는 자신이 이전에 내뱉은 무지한 말들을 취소하겠다는 의미입니다. 욥은 자긍심을 내려놓고 하나님 앞에 겸비하였습니다.

" 깊이 있는 묵상을 위한 질문 "

1. 욥기 38~41장에 관하여

(1) 하나님께서 두 번에 걸쳐 말씀하신 이유는 무엇일까요?

(2) 하나님의 주장을 요약하면 무엇인가요?

(3) 욥기의 핵심 키워드가 '경륜'(עצה)이라는 견해를 어떻게 생각하시나요?

2. 신학적 고찰

(1) 욥기에서 하나님의 등장이 지니는 의미는 무엇인가요?

(2) 하나님을 만나기 전과 만난 후 욥의 차이점이 있나요? 있다면 무엇인가요?

그런즉 너희는 수소 일곱과 숫양 일곱을 가지고
내 종 욥에게 가서 너희를 위하여 번제를 드리라
내 종 욥이 너희를 위하여 기도할 것인즉
내가 그를 기쁘게 받으리니
(욥 42:8a)

제5장 반성적 지혜자

1. 하나님의 '의'로 재창조

(1) 설립된 하나님의 종

하나님께서는 욥과 대화를 마치고 세 친구를 꾸짖으십니다.

여호와께서 욥에게 이 말씀을 하신 후에 여호와께서 데만 사람 엘리바스에게 이르시되 내가 너와 네 두 친구에게 노하나니 이는 너희가 나를 가리켜 말한 것(לֹא)이 내 종 욥의 말 같이 옳지(נָכוֹן) 못함이니라
(욥 42:7)

개역개정 번역을 보면 하나님께서 세 친구를 꾸짖으신 이유는 그들이 욥처럼 옳은 말을 하지 못했기 때문이라고 생각됩니다. 그렇다면 여태까지 욥의 주장에 문제가 없었다는 말 같습니다. 그러나 7절 번역에 두 가지 문제가 있다고 생각합니다.

첫째, "옳지"로 번역된 히브리어는 '쿤'(נָכוֹן)의 분사수동형입니다. '쿤'(כון)은 다른 본문에서 '세우다'[37], '건설하다'[38], '준비하다'[39], '예비하다'[40] 등으로 번역되었습니다. 이러한 용례를 통해 '쿤'(כון)이 무언가를 짓거나 준비하는 개념임을 알 수 있습니다. 지어지거나 준비되는 대상은 건축물이거나 물건일 수도 있지만, 시편 7:9의 "의인을 세우소서(כון)"와 같이 인간일 수도 있습니다. 위 용례를 통해 '쿤'(כון)의 기본적인 뜻은 '설립하다' 또는 '준비하다' 정도로 보입니다. 이 구절에서는 수동형이기 때문에 '설립된'이나 '준비된'으로 번역하는 게 적절합니다.

둘째, 원문에 부정을 뜻하는 '로'(לא)가 있습니다. 위 구절에서는 "옳지"를 부정하여 "옳지 못함이니라"로 번역했습니다. 그러나 '로'(לא)는 "말한 것"으로 번역된 동사를 부정합니다. 따라서 '말하지 않았다'가 적절합니다. 두 가지를 고려하여 직역하면 다음과 같습니다.

왜냐하면 너희가 나에 대하여 내 종 욥처럼 설립(준비)되어 말하지 않았다 (욥 42:7b, 사역)

여기에서 설립되거나 준비되어야 하는 건 무엇일까요? 그것은 세 친구의 규범적 지혜입니다. 그들은 아직 완성되지 않은 부족한 상태입니다. 하나님께서 세 친구의 주장을 옳고

---

37) "악인의 악을 끊고 의인을 세우소서(כון)"(시 7:9a).
38) "여호와께서 그 터를 바다 위에 세우심이여 강들 위에 건설하셨도다(כון)"(시 24:2).
39) "그가 비록 은을 티끌 같이 쌓고 의복을 진흙같이 준비할지라도(כון)"(욥 27:16).
40) "이 일이 갑자기 되었으나 하나님께서 백성을 위하여 예비하셨으므로(כון)"(대하 29:36a).

반성적 지혜자 · 133

그름으로 판단하신 것이 아니라, 그들이 아직 미흡한 상태라고 평가하신 것입니다. 세 친구의 잘못을 지적하려면 책임이 그들에게 있도록 능동형이어야 합니다. 그러나 하나님의 말씀은 수동형입니다. 단어의 뜻과 형태가 모두 세 친구가 부족한 상태임을 가리킵니다. 이를 달리 말하면 그들은 율법 아래에 있는 자들입니다.

이 점은 욥기의 의문 중 하나를 해결해줍니다. 세 친구는 신앙인으로서 하나님을 지지하는 발언을 했습니다. 거기에는 하나님에 대한 충성심이 있고 지혜의 일부가 담겨 있기도 합니다. 그런데도 하나님께서 그들이 옳지 않다고 부정하신다면 너무 이상합니다. 그러나 하나님께서는 그들이 아직 준비되지 않은 상태라고 말씀하신 것입니다.

이 구절에서 생각해볼 점이 하나 더 있습니다. 세 친구는 규범적 지혜자입니다. 서론의 욥도 규범적 지혜자였습니다. 그렇다면 욥도 세 친구와 마찬가지로 아직 준비되지 않은 상태였습니다. 그렇다면 욥기 42:7에서 욥과 세 친구의 차이는 무엇일까요? 욥은 고난을 겪으며 자기 의의 한계를 경험했습니다. 이처럼 고난을 통해 마음이 낮아진 상태를 '준비되었다'(נכון)라고 말씀하신 것입니다. 이점이 욥과 세 친구의 차이점입니다. 욥은 하나님을 뵙고 진리를 깨달아 새롭게 되었습니다. 이 변화는 회복이나 업그레이드라는 개념보다 재창조로 보는 게 더 적절합니다.

궁금해요 🔍 하나님께서는 왜 사탄의 요구를 허락하셨을까?

6 여호와께서 사탄에게 이르시되 내가 그를 네 손에 맡기노라 다만 그의 생명은 해하지 말지니라
7 사탄이 이에 여호와 앞에서 물러가서 욥을 쳐서 그의 발바닥에서 정수리까지 종기가 나게 한지라
(욥 2:6~7)

야고보는 하나님께서 사람을 직접 시험하지 않으신다고 말했습니다: "하나님은 악에게 시험을 받지도 아니하시고 친히 아무도 시험하지 아니하시느니라"(약 1:13b). 이처럼 사람에게 직접 피해를 주는 주체는 사탄입니다. 사탄이 욥에게 피해를 준 이유는 그가 낙담하여 하나님을 원망하고 신앙을 버리도록 하기 위해서입니다. 그런데도 하나님께서 그 일을 허락하신 이유는 무엇일까요?

이 질문은 욥기의 핵심으로 나아가게 합니다. 하나님께서는 사탄이 가한 시련을 통해 욥이 자긍하던 '의'의 실체가 드러나기를 기다리셨습니다. 그 후 자기 '의'의 한계를 깨닫도록 하셨습니다. 하나님께서는 사탄의 계략을 뛰어넘어 인간을 구원하는 경륜을 이루십니다.

(2) 중보 사역

하나님께서는 세 친구에게 본인들을 위해 번제를 드리라고 명령하셨습니다.

그런즉 너희는 수소 일곱과 숫양 일곱을 가지고 내 종 욥에게 가서 너희를 위하여 번제를 드리라 내 종 욥이 너희를 위하여 기도할 것인즉 내가 그를 기쁘게 받으리니 너희가 우매한 만큼 너희에게 갚지 아니하리라 (욥 42:8a)

그런데 굳이 욥에게 가지고 가서 번제를 드리라고 하셨습니다. 그래서 욥이 친구들을 위해 기도하면 받겠다고 하셨습니다. 하나님께서 욥을 회복하신 시점은 회개의 고백을 들었을 때가 아닙니다. 욥이 세 친구를 위해 기도했을 때입니다. 하나님의 말씀대로 한 후에 비로소 욥의 곤경이 해결되었습니다.

욥이 그의 친구들을 위하여 기도할 때 여호와께서 욥의 곤경을 돌이키시고 여호와께서 욥에게 이전 모든 소유보다 갑절이나 주신지라 (욥 42:10)

하나님께서는 왜 욥이 회개했을 때 바로 곤경을 해결해주지 않으셨을까요? 왜 굳이 세 친구가 욥에게 가서 번제를 드리도록 하시고 욥이 친구들을 위해 기도하도록 하셨을까요?

그리고 번제를 드린 세 친구를 받지 않으시고 그들을 위해 기도한 욥을 받으셨을까요?

하나님께서는 세 친구가 직접 자신에게 나아오는 걸 허락하지 않으셨습니다. 욥에게 하나님과 친구들 사이 중재자의 역할을 맡기셨습니다. 그리고 세 친구가 아닌 욥을 받아주셨습니다. 욥이 온전하게 되는 것은 타인을 위한 중보 사역을 통해서입니다. 이는 구약의 관점에서 흡사 레위기의 제사장을 연상케 합니다. 그리고 우리에게는 예수 그리스도의 중보 사역을 떠오르게 합니다. 이 부분은 예수 그리스도 사역의 예표로 생각해 볼 수 있습니다. 그리고 더 나아가 오늘날 그리스도인들의 사역이 어떠한 것인지 보여준다고 생각합니다.

2. 반성적 지혜에 따른 '의'

(1) 세 딸을 기록한 이유

하나님께서 욥의 재산을 갑절로 주셨습니다. 욥기 1장의 재산에서 정확하게 두 배로 늘어난 수치입니다. 구약성경에서 갑절은 보상하는 분량입니다: "너희가 수치 대신에 보상을 배나 얻으며 능욕 대신에 몫으로 말미암아 즐거워할 것이라 그리하여 그들의 땅에서 갑절이나 얻고 영원한 기쁨이 있으리라"(사 61:7).

그리고 욥은 죽었던 열 명의 자녀들과 같은 수의 자녀를 다시 얻습니다. 그런데 결론 가운데 매우 독특한 내용이 눈에 띕니다. 저자가 욥의 자녀 중 딸 세 명의 이름을 언급합니다. 그리고 이어서 그 딸들이 뛰어난 미모를 지닌 사실과 남자 형제들처럼 유산을 상속받았다고 기록하였습니다.

14 그가 첫째 딸은 여미마라 이름하였고 둘째 딸은 굿시아라 이름하였고 셋째 딸은 게렌합북이라 이름하였으니
15 모든 땅에서 욥의 딸들처럼 아리따운 여자가 없었더라 그들의 아버지가 그들에게 그들의 오라비들처럼 기업을 주었더라
(욥 42:14~15)

욥기의 결론 부분은 분량이 적습니다. 저자는 그 가운데 왜 굳이 세 딸에 관해 기록하였을까요? 여기에서 중요한 점은 그녀들이 남자 형제들처럼 유산을 받은 점입니다. 이는 고대 남성 위주의 사회에서 매우 특별한 조치였을 것입니다. 욥은 관습과 전통을 넘어서는 반성적 지혜자가 되었습니다. 그래서 기존의 편견을 깨고 아들과 딸을 동등하게 대했습니다. 인류가 남녀평등이라는 가치를 논의하며 정립해가기 시작한 것은 역사 가운데 극히 최근의 일입니다. 그런데 고대임에도 불구하고 욥은 하나님의 '의'로 새롭게 되어 그 의를 구현하였습니다. 그 예가 바로 남자 형제들과 딸들을 동등하게 대한 일입니다.

(2) 결말

욥기의 결말은 상당히 급격하게 이루어집니다. 길었던 논쟁을 돌이켜보면 약간 허무하게 마치는 느낌도 없지 않습니다. 욥기의 마지막은 다음과 같습니다.

16 그 후에 욥이 백사십 년을 살며 아들과 손자 사 대를 보았고
17 욥이 늙어 나이가 차서 죽었더라
(욥 42:16~17)

욥에 대해 별다른 내용 없이 바로 마친 이유는 무엇일까요? 그것은 욥기가 말하려고 했던 주제가 모두 전해졌기 때문입니다. 욥기의 주제는 인간이 스스로 추구한 '의'로는 하나님의 공의에 이를 수 없고 대속에 의한 하나님의 '의'가 필요하다는 것입니다. 고난은 욥이 그 사실을 깨닫기 위한 과정이었습니다. 그 과정을 지나자 하나님의 '의'로 거듭난 욥의 삶에 그 '의'가 구현되었습니다. 여기까지가 욥기가 전하는 메시지입니다.

성경에는 타락한 인간을 구원하시는 하나님의 경륜이 담겨 있습니다. 인간은 성경을 통해 진리를 깨닫고 구원의 여정을 살아갑니다. 하나님께서는 '의'를 상실한 인간을 구원하기 위해 대속의 '의'를 부여하십니다. 그러나 자연인은 대부분 자신이 '의'를 상실했다는 사실을 모릅니다. 그래서 구원받기 위해 두 가지가 필요합니다. 하나는 자기가 의롭지 않다는 사실을 인정하는 것이고, 다른 하나는 대속의 '의'를 받아들이는 것입니다. 욥기는 그러한 인간의 실체와 하나님의 구원을 설명하고 있습니다.

욥이라는 사람이 자기의 '의'로 하나님께 나아갔습니다. 그는 인간을 대표하는 최고의 신앙인이었습니다. 그러나 환란을 겪으며 인간의 '의'의 한계를 경험하고, 마침내 대속물을 통한 하나님의 '의'라는 은혜를 깨닫습니다. 이후 그는 겸비하여 하나님의 '의'에 순종하는 삶을 살아갑니다. 그렇게 욥은 의인입니다. 하나님께서 욥기를 통해 말씀하시는 핵심은 바로 욥의 '의'에 대한 바른 이해입니다.

" 깊이 있는 묵상을 위한 질문 "

1. 욥기 42장에 관하여

(1) 욥기를 통해 알 수 있는 기도란 무엇인가요? (욥 42:8, 10)

(2) 하나님께서 욥의 재산을 두 배로 회복시켜주신 이유는
무엇일까요?

(3) 욥이 자녀들을 이전 수만큼 다시 낳은 의미는 무엇인가요?

2. 신학적 고찰

(1) 이전에 죽었던 욥의 자녀들을 어떻게 생각해야 할까요?

(2) 사탄은 욥의 결과에 대해 할 말이 있을까요?

| 마치는 글 |

    만족스럽진 않지만 오랜 숙제였던 욥기 해석을 마치게 되어 후련합니다. 욥기는 번역이 매우 어렵습니다. 제가 고민하며 연구한 내용 중 일부를 본서에 싣기는 했지만 다루어야 할 본문이 많습니다. 후학들께서 언어적 역량을 끌어올려 원문을 잘 드러내는 번역을 교회에 전해주시길 부탁드립니다. 이 글이 바른 욥기 해석으로 가는 방향을 제시하면 좋겠습니다. 우리를 구원하시는 하나님께 감사드리며 글을 마칩니다.

제대로 읽는 용기

초판 발행 2022.08.01

지은이 황대원
발행인 오연진
디자인 이보라

발행처 블리스
등   록 2022년 7월 7일 (제 2022-51호)
주   소 서울특별시 정릉로15길 48
연락처 02-943-3533
이메일 blisspublish@gmail.com
ISBN 979-11-979509-0-2